**本丛书出版得到以下研究机构和项目经费资助：**

嘉应学院客家研究院

梅州市客家研究院

中国侨乡（梅州）研究中心

广东客家文化普及与研究基地

广东省特色重点学科"客家学"建设经费

嘉应学院第五轮重点学科"中国史"建设经费

广东省客家文化研究基地—嘉应学院客家研究院

广东省非物质文化遗产研究基地—嘉应学院客家研究院

理论粤军 · 广东地方特色文化研究基地—客家文化研究基地

广东省普通高校人文社会科学省市共建重点研究基地—嘉应学院客家研究院

# 客家学研究丛书·第七辑编委会

客家学研究丛书

第七辑

# 明中期以降赣闽粤
# 客家聚居区的联宗与族群关系

张勇华　著

暨南大学出版社
JINAN UNIVERSITY PRESS

中国·广州

图书在版编目（CIP）数据

明中期以降赣闽粤客家聚居区的联宗与族群关系/张勇华著. —广州：暨南大学出版社，2022.12

（客家学研究丛书. 第七辑）

ISBN 978 - 7 - 5668 - 3409 - 6

Ⅰ.①明…　Ⅱ.①张…　Ⅲ.①客家人—民族历史—中国—明代
Ⅳ.①K281.1

中国版本图书馆 CIP 数据核字（2022）第 076189 号

**明中期以降赣闽粤客家聚居区的联宗与族群关系**

MING ZHONGQI YIJIANG GAN-MIN-YUE KEJIA JUJUQU DE LIANZONG YU
ZUQUN GUANXI

著　者：张勇华

出 版 人：张晋升
策划编辑：杜小陆
责任编辑：康　蕊　朱良红
责任校对：刘舜怡　林玉翠
责任印制：周一丹　郑玉婷

出版发行：暨南大学出版社（511443）
电　　话：总编室（8620）37332601
　　　　　营销部（8620）37332680　37332681　37332682　37332683
传　　真：（8620）37332660（办公室）　37332684（营销部）
网　　址：http://www.jnupress.com
排　　版：广州良弓广告有限公司
印　　刷：广州市金骏彩色印务有限公司
开　　本：787mm×960mm　1/16
印　　张：11.25
字　　数：151 千
版　　次：2022 年 12 月第 1 版
印　　次：2022 年 12 月第 1 次
定　　价：49.80 元

# 总　序

　　客家文化以其语言、民俗、音乐、建筑等方面的独特性，尤其是客家人在海内外社会经济发展中的突出贡献，引起了历史学、人类学、民俗学和语言学等诸多学科领域内学者的关注。而随着西方人文学科理论和研究方法在20世纪初传入我国，客家历史与文化研究也逐渐进入科学规范的研究行列，并相继出现了一批具有开创性的研究成果。1933年，罗香林《客家研究导论》的出版，标志着客家研究进入了现代学术研究的范畴。20世纪80年代以来，著作、论文等研究成果的推陈出新，也在呼吁学界能够设立专门的学科并规范客家研究的科学范式。

　　作为国内较早成立的专门从事客家研究的机构，嘉应学院客家研究院用二十五载的岁月，换来了客家研究成果在数量上空前的增长，率先成为客家学研究的重要阵地，也引起了国内外学术界的高度关注。但若从质的维度来看，当前的客家研究还面临一系列有待思考及解决的问题：客家学研究的主题有哪些？哪些有意义，哪些纯粹是臆测？这些主题产生的背景是什么？它们是如何通过社会与历史的双重作用，而产生某些政治、经济乃至文化权力的诉求与争议的？当代客家研究如何紧密结合地方社会发展的需要，又如何与国内外其他学科对话与交流？诸如此类的疑惑，需要从理论探索、田野实践和学科交叉等层面努力，以理论对话和案例实证作为手段，真正实现跨区域和多学科的协同创新。

## 一、触前沿：客家学研究的理论探索

当前的客家学研究主要分布在人文社会科学的诸多学科范围之内，所以开展卓有成效的客家研究自然需要敢于接触不同学科领域的学术理论。比如，社会学科先后出现过福柯的权力理论、布尔迪厄的实践理论、吉登斯的结构化理论、鲍曼的风险社会理论、哈贝马斯的沟通行动理论、卢曼的系统理论、科尔曼的理性选择理论和亚历山大的文化社会学理论。社会科学研究经常需要涉及的热点议题，在客家研究中同样不可回避，比如社会资本、新阶层、互联网、公共领域、情感与身体、时间与空间、社会转型和世界主义。再比如，社会学关于移民研究的推拉理论、人类学对族群研究的认同与边界理论以及社会转型与文化变迁的机制，都可以具体应用到客家研究上，并形成理论对话而提升客家研究的高度。在研究方法上，人文社会科学提倡的建模、机制与话语分析、文化与理论自觉等前沿手段，都可以遵循"拿来主义"的原则为客家研究所用。

可以说，客家研究要上升为独具特色的独立学科，首先要解决的便是理论对话和科学研究的范式问题。客家学作为一门融会了众多社会人文学科的综合性学科，既不是客家史，也不是客家地区政治、经济、文化等内容的汇编或整合，而是一门以民族学基础理论为基础，又比民族学具有更多独特特征、丰富内容的学科。不可否认的是，客家研究具有自身独特的学术传统，但要形成自身的理论构架和研究方法，若离开历史学、文献学、考古学、人类学、语言学、社会学、民俗学等诸多学科理论的支撑，显然就是痴人说梦。要在这方面取得成绩，则非要长期冷静、刻苦、踏实、认真潜心研究不可。如若神不守舍、心动意摇，就会跑调走板、贻笑大方。在不少人汲汲于功名、切切于利益、念念于职位的当今，专注于客家研究的我们似乎有些另类。不过，不管是学者应有的社会良知与独立人格，还是人文学科秉持的历史责任与独立思考的精神，都激励我们坚持实事求是的原则，在触碰前沿理论上不断探索，以积累学科发展所需的坚实理论。

　　要做到这一点，就得潜下心来大量阅读国内外学术名著，了解前沿理论的学术进路和迁移运用，使客家研究能够进入国际学术研究对话的行列。

## 二、接地气：客家研究的田野工作

　　学科发展需要理论的建设与支撑，更离不开学科研究对象的深入和扩展，而进入客家人生活的区域开展田野工作，借助从书斋到田野再回到书斋的螺旋式上升的研究路径，客家研究才能做到"既仰望星空又能接地气"，才能厚积薄发。

　　人类学推崇的田野工作要求研究者通过田野方法收集经验材料的主体，客观描述所发现的任何事情并分析发现结果。[1] 田野工作的目标要界定并收集到自己足以真正控制严格的经验材料，所以需要充分发挥参与观察、深度访谈和问卷调查的手段。从学科建设和学科发展的角度，客家族群的分布和文化多元特征，决定了客家研究对田野调查的依赖性。这就要求研究者深入客家乡村聚落，采用参与观察、个别访谈、开座谈会、问卷调查等方法调查客家民俗节庆、方言、歌谣等，收集有关客家地区民间历史与文化丰富性及多样性的资料。

　　而在客家文献资料采集方面，田野工作的精神同样适用。一方面，文献资料可以增加研究者对客家文化的理解，还可以对研究者的学术敏感和问题意识产生积极影响；另一方面，田野工作既增加了文献资料的来源，又能提供给研究者重要的历史感和文化体验，也使得文献的解读可以更加符合地方社会的历史与现实。譬如，到图书馆、档案馆等公藏机构及民间广泛收集对客家文化、客家音乐、客家方言等有所记载的正史、地方志、

---

　　① 埃里克森. 什么是人类学 [M]. 周云水，吴攀龙，陈靖云，译. 北京：北京大学出版社，2013：65 – 67.

文集、族谱及已有的研究成果等。田野调查需要入村进户，因此从具有深厚文化传统的客家古村落入手，无疑可以取得事半功倍的效果。

在客家地区开展田野调查，需要点面结合才能形成质量上乘的多点民族志。20 世纪 90 年代，法国人类学家劳格文与广东嘉应大学（2000 年改名为嘉应学院）、韶关大学（2000 年改名为韶关学院）、福建省社会科学院、赣南师范学院、赣州市博物馆等单位合作，开展"客家传统社会"的系列研究。他在长达十多年的时间里，辗转于粤东、闽西、赣南、粤北等地，深入乡镇村落，从事客家文化的田野调查。到 2006 年，这些田野调查的成果汇集出版了总计 30 余册的"客家传统社会"丛书，不仅集中地描述客家地区传统民俗与经济，还具体地描述了传统宗族社会的形成、发展和具体运作及其社会影响。

2013 年以来，嘉应学院客家研究院选择了多个历史悠久、文化底蕴深厚的古村落，以研究项目的形式开展田野作业，要求研究人员采用参与观察、深度访谈、文献追踪等方法，对村落居民的源流、宗族、民间信仰、习俗等民间社会与文化的形成与变迁进行深入的分析和研究，形成对乡村聚落历史文化发展与变迁的总体认识。在对客家地区文化进行个案分析与研究的基础上，再进行跨区域、跨族群的文化比较研究，揭示客家文化的区域特征，进而梳理客家社会变迁和文化发展过程。

闽粤赣是客家聚居的核心区域，很多风俗习惯都能够找到相似的元素。就每年的元宵习俗而言，江西赣州宁都有添丁炮、石城有灯彩，而到了广东的兴宁市和河源市和平县，这一习俗则演变为"响丁"，花灯也成了寄托客家民众淳朴愿望的符号。所以，要弄清楚相似的客家习俗背后有何不同的行动逻辑，就必须用跨区域的视角来分析。这一源自田野的事例足以表明田野调查对客家学研究的重要性。

无论是主张客家学学科建设应包括客家历史学、客家方言学、客家家族文化、客家文艺、客家风俗礼仪文化、客家食疗文化、客家宗教文化、

004

华侨文化等，① 还是认为客家学的学科体系要由客家学导论、客家民系学、客家历史学、客家方言学、客家文化人类学、客家民俗学、客家民间文学、客家学研究发展史八个科目为基础来构建，客家研究都无法回避研究对象的固有特征——客家人的迁徙流动而导致的文化离散性，所以在田野调查时更强调追踪研究和村落回访②。只有夯实田野工作的存量，文献资料的采集才可能有溢出其增量的效益。

## 三、求创新：客家研究的学科交叉

学问的创新本不是一件易事，需要独上高楼，不怕衣带渐宽，耐得住孤独寂寞，一往无前地上下求索。客家研究更是如此，研究者需要甘居边缘、乐于淡泊、自守宁静的治学态度——默默地做自己感兴趣的学问，与两三同好商量旧学、切磋疑义、增益新知。

客家研究要创新，就需要综合历史学、人类学、语言学、音乐学、社会学等学科理论和方法，对客家民俗、客家方言、客家音乐等进行综合分析和研究，以学科交叉合作的研究方式，形成对客家族群全面的、客观的总体认识。

客家族群作为中华民族共同体的一个重要支系，在其形成和发展过程中融合多个山区民族的文化，形成独具特色的文化体系。建立客家学学科，科学地揭示客家族群的个性和特殊性，可以加深和丰富对中华民族的认识。用客家人独特的历史、民俗、方言、音乐等本土素材，形成客家学体系并进一步建构客家学学科，将有助于促进中国人文社会科学本土化的发展，从而为中国人文社会科学的发展和繁荣作出应有的贡献。客家人遍布海内外80多个国家和地区，客家华侨华人1 000余万，每年召开一次世

---

① 张应斌.21世纪的客家研究（关于客家学的理论建构）[J].嘉应大学学报，1996（10）：71-77.

② 科塔克.文化人类学——欣赏文化差异 [M].周云水，译.北京：中国人民大学出版社，2012：457-459.

界性的客属恳亲大会，在全世界华人中具有重要影响。粤东梅州是全国四大侨乡之一，历史遗存颇多，文化积淀深厚，华侨成为影响客家社会历史和文化发展的重要因素。建立客家学学科，将进一步拓宽华侨华人研究领域，有助于华侨华人与侨乡研究的深入发展。

在当前客家学研究成果积淀日益丰厚、客家研究日益受到社会各界重视的情况下，总结以往研究成果，形成客家学学科理论和方法，构建客家学学科体系，成为目前客家学界非常紧迫而又十分重要的任务。

嘉应学院客家研究院敢啃硬骨头，在总结以往研究成果的基础上，完成目前学科建设条件已初步具备的客家文化学、客家语言文字学、客家音乐学等的论证和编纂，初步建构客家学体系的分支学科。具体而言，客家文化学探讨客家文化的历史、现状和未来并揭示其发生、发展规律，分析客家族群的物质文化、制度文化和精神文化的产生、发展过程及其特征。客家语言文字学探讨客家方言的语音、词汇、语法、文字等的特征，展示客家语言文字的具体内容及其社会意义。客家音乐学探讨客家山歌、汉剧、舞蹈等的发生、发展及其特征，揭示客家音乐的具体内容和社会意义。

客家族群是汉民族的一个支系，研究时既要注意到汉文化、中华文化的普遍性，又要注意到客家文化的独特性，体现客家文化多元一体的属性。客家学研究的对象，决定客家学是一门融合历史学、民俗学、方言学、音乐学、社会学等众多社会人文学科的综合性学科。如何形成跨学科的客家学研究理论与方法，是客家研究必须突破的重要问题。唯有明确客家学研究的基本概念、理论和方法，并通过广泛的田野调查和深入的个案研究，广泛收集关于客家文化、客家方言、客家音乐等各种资料，从多角度进行学科交叉合作的分析和研究，才能实现创新和发展。

嘉应学院地处海内外最大的客家人聚居地，具有开展客家学研究得天独厚的地缘优势。1989年，嘉应学院的前身嘉应大学率先在全国建立了专门性的校级客家研究机构——客家研究所。2006年4月，以客家研究所为基础，组建了嘉应学院客家研究院、梅州市客家研究院。因研究成果突出、社会影响大，2006 年 11 月，客家研究院被广东省社会科学界联合会评为"广东省客家文化研究基地"；2007 年 6 月，被广东省教育厅评为"广东省普通高校人文社会科学省市共建重点研究基地"。之后其又被广东省委宣传部、广东省社会科学院评为"广东地方特色文化研究基地——客家文化研究基地"，被广东省文化厅评为"广东省非物质文化遗产研究基地"，被广东省教育厅评为"广东省粤台客家文化传承与发展协同创新中心"；还经国家民政部门批准，在国家一级学会"中国人类学民族学研究会"下成立了"客家学专业委员会"。

2009 年 8 月，在昆明召开的第 16 届国际人类学大会上，客家研究院成功组织"解读客家历史与文化：文化人类学的视野"专题研讨会，初步奠定了客家研究国际化的基础。2012 年 12 月，客家研究院召开了"客家文化多样性与客家学理论体系建构国际学术研究会"，基本确立了客家学学科建设的基本途径和主要方法。另外，1990 年以来，嘉应学院客家研究院坚持每年出版两期《客家研究辑刊》（现已出版 45 期），不仅刊载具有理论对话和新视角的论文，也为未经雕琢的田野报告提供发表和交流的平台。自 1994 年以来，客家研究院承担国家社会科学基金项目 2 项，广东省哲学社会科学规划项目等 20 余项，出版《客家源流探奥》[1] 等著作 50 余部，其中江理达等的著作《兴宁市总体发展战略规划研究》[2] 获广东省哲学社会科学优秀成果一等奖，肖文评的专著《白堠乡的故事——地域史脉络下的乡村建构》[3] 获广东省哲学社会科学优秀成果二等奖，房学嘉的专著《粤东客家生态与民俗研究》[4] 获广东省哲学社会科学优秀成果三等奖。

---

① 房学嘉. 客家源流探奥 [M]. 广州：广东高等教育出版社，1994.
② 邱国锋，江理达. 兴宁市总体发展战略规划研究 [M]. 广州：高等教育出版社，2009.
③ 肖文评. 白堠乡的故事——地域史脉络下的乡村建构 [M]. 北京：生活·读书·新知三联书店，2011.
④ 房学嘉. 粤东客家生态与民俗研究 [M]. 广州：华南理工大学出版社，2008.

深厚的研究成果积淀，为客家学学科建设奠定了坚实的理论基础。经过几代人的不懈努力，嘉应学院的客家研究已经具备了在国际学术圈交流的能力，这离不开多学科理论对话的实践和田野调查经验的积累。

客家学研究丛书的出版，既是客家研究在前述立足田野与理论对话"俯仰之间"兼顾理论与实践的继续前行，也是嘉应学院客家学研究朝着国际化目标迈出的坚实步伐。"星星之火，可以燎原"，这套丛书包括学术研究专著、田野调查报告、教材、译著、资料整理等，体现了客家学学科建设的不同学术旨趣和理论关怀。古人云，"不积跬步，无以至千里；不积小流，无以成江海"，我们愿意从点滴做起。希望丛书的出版，能引起国内外客家学界对客家学学科体系建设的关注，促进客家学研究的科学化发展。

编　者

2014 年 8 月 30 日

# 目 录
## Contents

总　序　/001

绪　论　/001

**第一章　客家联宗的历史背景　/023**
　　第一节　唐代至清代的北民南迁　/023
　　第二节　唐代以来的宗族发展　/026
　　第三节　宗族与客家　/030
　　小　结　/034

**第二章　客家联宗的发展历程　/036**
　　第一节　明代中期以降的客家联宗　/036
　　第二节　当代客家联宗概况　/042
　　第三节　同姓宗族联宗类型　/051
　　小　结　/060

**第三章　客家联宗过程　/061**
　　第一节　祭祖与联宗整合　/061
　　第二节　行辈字号与联宗整合　/071
　　第三节　世系追溯与联宗整合　/077
　　小　结　/083

第四章　客家联宗目标　/084

第一节　联修与石壁追溯　/085

第二节　联修与祖先追溯　/098

第三节　联修中的"客家祖先"　/113

小　结　/124

第五章　族群认同的同姓联宗　/126

第一节　赣南客家联宗与族群认同　/126

第二节　粤东客家联修与族群边界　/134

第三节　闽西百氏祠堂与个人联宗　/139

小　结　/149

第六章　结语　/151

参考文献　/155

后　记　/165

# 绪　论

## 一、选题缘由

笔者是客家人，经常耳闻目睹关于修谱、建祠堂的事情，并且还亲身体验了本家族的建祠、祭祖活动。2013 年暑期笔者曾返回祖先迁出地闽西参加祠堂上梁活动，同时还到客家公祠中祭祀，发现公祠中供奉了很多姓氏的祖先，中间还供奉了客家总始祖牌位。后来在导师的读书会上接触了房、族、高位宗族、联宗等概念，为弄清这些艰深的学术内容，笔者又继续阅读了宗族、联宗、家谱通论等专著。随着掌握的宗族知识的增长，笔者开始对自己原以为明白的一些宗族活动进行反思，发现原来一些宗族活动其实可以进行细分，例如编修的族谱，可以分为支谱、族谱、宗谱、通谱；祠堂可以分为支祠、总祠，或宗祠、联宗祠，通过这些分类可以发现族谱是基于共同的姓氏。但笔者也曾在闽西石壁祭拜祖先的客家公祠中发现这里供奉了 100 多位姓氏祖先，这座公祠有别于一般的联宗祠。另一种情况是客家公祠中还有客家总始祖的牌位，这更增加了客家宗族研究的复杂性。

在客家聚居区的人们，其实对客家身份并不是从来就很清楚。赣南黄志繁先生知道自己是客家人身份的时候是 20 世纪 90 年代初期，是大学老师在课堂上宣布的，当他知道自己有一个客家身份的时候还兴奋了一番。按照学界研究的结论，在通常所指的客家聚居区的赣南、闽西和粤东三个相邻区中，粤东的人们是最早知道自己客家身份的，清末民国发生的"土

客"械斗与报刊论战快速传播了客家身份并促使客家人认同这一现象。闽西的人们大致于 80 年代开始知道自己是客家人，这是由海内外研究客家与石壁关系的时候引发的。赣南稍晚于闽西，这与闽西 80 年代兴起客家族群运动和 2004 年在赣州举办的"世界客属恳亲大会"有密切关系。

从当代兴起的联修族谱中，也能看出赣闽粤聚居区的联宗与客家有着密切联系。从 20 世纪 90 年代以来兴修的联宗谱的情况来看，有的就将"客家"二字冠于谱上，如粤东和平县于 1993 年编的《客家黄氏总谱》、五华县于 1995 年编的《客家邓氏族谱》、2008 年赣南赖氏的《客家赖氏联修族谱》等。即使从客家聚居区移居他乡，也有部分宗族继续认同自己的客家身份。明末清初客家人由福建上杭移居江西修水，其联修族谱名为《（江西修水客家）义门陈氏宗谱》（1994 年）、《（江西修水客家）张氏宗谱》（1993 年）、《（江西修水客家）颍川赖氏宗谱》（1994 年）、《（江西修水客家）廖氏宗谱》（1995 年）、《（江西修水客家）李氏根源》（2000 年）。从编谱的角度看，2009 年编的《赣南客家温氏文化发展史》中声称本谱要为客家研究提供可靠的佐证。在此基础上，笔者尝试探寻客家聚居区的联宗与族群之间到底存在着一种什么样的关系，所以提出了研究命题《明中期以降赣闽粤客家聚居区的联宗与族群关系》。本书是在前人研究的基础上继续探讨联宗问题，需要借鉴前人的研究成果，因此在此做一个相关研究的综述。

## 二、研究综述

本书主要涉及联宗与客家两个基本内容，因此需从联宗与客家研究两方面的成果做一个基本的学术梳理，同时也为本书的研究做一个简要述评。

### （一）联宗研究梳理

对于不同历史时期出现的联宗情况，明清时期的谈迁、张尔岐分别在《北游录》《蒿庵闲话》中提到关于个人联宗的基本要素，钱杭先生（下文略去尊称）将他们的个人联宗概述为"一、个人间联宗是一种在利益驱动下实现的同姓男子之间的行为；二、联宗者之间必须认同某一共同的同姓始祖；即使现为异姓，但历史上应有一定的同姓渊源的证据；三、个人间联宗是一种可以追溯至唐末以前'重旧姓'传统、并在明清时期又重新兴盛起来的历史现象。"对宗族之间的联宗，有顾炎武的通谱、合宗之论，钱杭认为"通过认定两个同姓宗族的共同祖先，以谱牒的形式正式承认并接通两族现存世系"。对于赵翼的认族贡献，钱杭认为他指出了"不问宗派"的个人间联宗的重要特征。

在联宗的特征研究上，日本学者上田信对"同族合同"的特征有过论述："同族合同，是本来没有宗族关系的几个同族集团或同族联合体，在重新形成再生的或拟制的宗族关系时出现的。合同形成的一个重大标志，就是共同宗祠的建立。"关于此论，钱杭认为"没有共同的宗祠，就不能称其为同族合同"的判断过于绝对。[1] 在联宗血缘关系的拟制性研究上，日本学者田仲一成通过对广州府城内大宗祠的研究，认为："正是这种向周边地区的扩展，使得出自锦田邓氏的血缘意识，实现了虚假同化。拟制血缘式的大宗祠，作为一个社会性实体，已成为一种与杂姓神庙在本质上无大差别的存在物。"[2] "虚假同化""拟制血缘"是对联宗各宗族实体之间关系的表述。对于联宗的系谱关系问题，末成道男于1995年对联宗与合族的区别进行了讨论："在没有明确的系谱关系的独立宗族间进行的人为联合，称为'合族'。这一现象与人们常说的'联宗'关系相似。二者的不同，主要在于后者仅仅是确认来自以前的系谱关系，而前者则是创立一

003

---

[1] 钱杭：《血缘与地缘之间：中国历史上的联宗与联宗组织》，上海：上海社会科学院出版社，2001年，第6、14、18、70、71页。

[2] ［日］田仲一成著，钱杭、任余白译：《中国的宗族与戏剧》，上海：上海古籍出版社，1992年，第330页。

种新的关系。"①

20世纪60年代，英国人类学家莫里斯·弗利德曼在研究中国的宗族问题时，用世系群理论作为中国宗族研究的切入口，使用了一个著名的术语 higher-order lineage，其表述为："一个地域化世系群（localized lineage）往往会和其他的地域化世系群连接在一起。它们以这些世系群的祖先们源自共同始祖的父系世系的基础，将全部成员联结成一个整体，其中心还拥有祠堂和其他财产。对于这类较大规模的集团，我考虑使用 higher-order lineage 的名称。"② 对于 higher-order lineage 术语的翻译，中国有学者将其译为"联族"，③ 日本学者将其译为上位世系群，④ 香港中文大学教授科大卫将其译为高层级宗族。⑤

而钱杭对 higher-order lineage 的评价是："与'世系群'一样，'上位世系群'的意义也只是提供了一套供分析联宗问题的理论框架，本身并不能与现实中某种类型的宗族实体发生简单的对应关系。因为在许多重要的环节上，这一术语与中国传统的联宗所包含的内容是有距离的。弗利德曼未能始终注意把握'上位世系群'的有效界限或适用范围。他一方面意识到了上位世系群与实体性宗族存在着一系列重要的区别，但另一方面，仍然把它看作是宗族的一个具体存在的形态，或发展阶段。"⑥

---

① ［日］末成道男：《越南的家谱》，《东京大学东洋文化研究纪要》第127册，1995年。转引自钱杭：《血缘与地缘之间：中国历史上的联宗与联宗组织》，上海：上海社会科学院出版社，2001年，第76页。

② Maurice Freedman, *Chinese Lineage and Society: Fukien and Kwangtung*, Humanities Press, 1966, pp. 20－21；钱杭：《莫里斯·弗利德曼与〈中国宗族与社会：福建和广东〉》，《史林》，1999年第3期。

③ 颜学诚：《长江三角洲农村父系亲属关系中的"差序格局"：以二十世纪初的水头村为例》，见庄英章主编：《华南农村社会文化研究论文集》，台北："中央"研究院民族学研究所，1998年。

④ ［日］濑川昌久著，钱杭译：《族谱：华南汉族的宗族·风水·移居》，上海：上海书店出版社，1999年，第70页。

⑤ ［美］科大卫著，卜永坚译：《皇帝和祖宗：华南的国家与宗族》，南京：江苏人民出版社，2010年，第220页。

⑥ 钱杭：《莫里斯·弗利德曼与〈中国宗族与社会：福建和广东〉》，《史林》，1999年第3期。

　　弗利德曼已经意识到联宗与实体宗族的区别，在这方面，钱杭指出"联宗的基础是若干独立的宗族实体……无论在联宗发动还是在联宗完成之时，各同姓宗族始终独立存在，互不隶属，资格平行"。关于异性联宗研究，"与同姓宗族的联宗一样，异姓联宗不涉及各参与宗族的内部关系。它所形成的，是一种更为典型而松散的地缘联盟"①。

　　关于联宗世系的研究问题，牧野巽通过对 20 世纪 40 年代合族祠的研究指出："合族祠之所以与普通的宗祠不同，就在于构成合族祠的族人，不仅不一定能认可相互间确实的血缘关系，甚至还在充分意识到这一点的同时，利用同姓这一条件，通过对远祖的祭祀来实现联合。"② 血缘关系的不确实被牧野巽认为是合族祠的基本特征。钱杭指出："换言之，联宗后形成的联合组织内部所体现的是不完整的系谱关系，它只在与某一共同祖先之间存在历史的、追溯的，有时甚至是随意认同的纵向性系谱关系，但在各参与宗族之间则不存在包含了权利与义务内容的横向性系谱关系，而这一性质的系谱关系恰恰是与各参与宗族本身的系谱关系相分裂的。在某种意义上，宗族制度所面临的最重要、最复杂的关系，并不是宗族中的直系父子关系，而是旁系兄弟关系。"③ "无论各宗族已有族谱、家传的编撰原则是根据欧谱还是苏谱；无论继嗣和继统的过程是否发生过中断；无论世系的传递是否真实，都不会改变这一基本性质。在这个意义上，联宗行为及其结果本身与宗族世系学的类型无关。联宗的结果只是在各独立宗族之间重建或者编造某种性质的历史联系，不会也没有必要去涉及各宗族内

005

　　① 钱杭：《血缘与地缘之间：中国历史上的联宗与联宗组织》，上海：上海社会科学院出版社，2001 年，第 26、257 页。

　　② ［日］牧野巽：《牧野巽著作集》（第六卷），东京：御茶之水书房，1985 年，第 237 – 238 页。转引自钱杭：《血缘与地缘之间：中国历史上的联宗与联宗组织》，上海：上海社会科学院出版社，2001 年，第 42 页。

　　③ ［日］濑川昌久著，钱杭译：《族谱：华南汉族的宗族·风水·移居》，上海：上海书店出版社，1999 年，第 272 页。

部的世系问题。"①

　　关于联宗活动引起的原因研究，是从其联宗目标中展开的，涉及政治目标、科举目标、经济目标、宗族互利目标。钱杭对中国历史上联姓功能的阐述中提到："魏晋至唐末、五代的学者和官僚，则在政治领域对联姓的意义及功能作了充分的讨论。"② 饶伟新对于清末民国时期的同姓联宗做了研究，认为其背后存在政治利益目标："清末民初以来，伴随着科举制度时代的结束和地方自治运动的兴起，活跃于地方政治舞台上的新式地方精英，在积极参与地方政治权力角逐和派系斗争的同时，广泛推动同姓宗族的联合，结成政治联盟和扩大社会基础，直接或间接、有形或无形地影响地方政治的发展进程。"③ 牧野巽认为合族祠的形成在其主要点上，就是这种科举的重要性和投机性，与宗族内读书阶级地位的重要性相结合的产物。黄海妍认为清代广州城中的合族祠建筑有"试馆"的功能。④ 王建军通过广州联宗书院的研究揭示出联宗可以达到教化功能，认为应试科举推动了联宗书院的兴起，而教化功能是联宗书院的核心功能。⑤ 闽粤地区的宗族教育："……在闽粤的许多地方，常有同姓的大宗祠，这是在血缘基础上渗入地缘关系的产物，……这种大宗祠也同时具有试馆的功能，举试之时便成为同姓士子的居停场所。"⑥ 在经济目标上，梁洪生关注到了江西鄱阳湖民国时期的张氏宗族的全县合谱，指出参加联宗的"三张"是对传

---

　　① 钱杭：《血缘与地缘之间：中国历史上的联宗与联宗组织》，上海：上海社会科学院出版社，2001 年，第 257 页。

　　② 钱杭：《血缘与地缘之间：中国历史上的联宗与联宗组织》，上海：上海社会科学院出版社，2001 年，第 4 页。

　　③ 饶伟新：《同姓联宗与地方自治：清末民国时期江西地方精英的文化策略》，《学术月刊》，2007 年第 5 期。

　　④ 黄海妍：《在城市与乡村之间：清代以来广州合族祠研究》，北京：生活·读书·新知三联书店，2008 年，第 35 页。

　　⑤ 王建军：《论清代广州联宗书院的教育功能》，《江西教育学院学报》，2013 年第 1 期。

　　⑥ 丁钢主编：《近世中国经济生活与宗族教育》，上海：上海教育出版社，1996 年，第 120 页。

统渔业的争夺。<sup>①</sup> 宗族间的互利也是目标之一，郑振满对合同式宗族指出："合同式宗族的基本特征，在于族人的权利及义务取决于既定的合同关系。由于族人之间的合同关系一般是建立于平等互利的基础之上的，因而可以说，合同式宗族是以利益关系为基础的宗族组织。"<sup>②</sup>

对于联宗到底如何把握，"联宗虽不以可准确追溯的共同世系为首要条件，但对联宗行动的发起和推动者来说，则应在同宗这一点上保持最低限度的一致"。<sup>③</sup>

**（二）客家研究梳理**

本书针对客家研究的来龙去脉做一个范式转换的梳理，指出由民系到族群转换的前因后果。

**1. 民系与客家研究**

罗香林在《民族与民族的研究》中提出"民系"一词，认为"民系原为民族里头的各个支派。"<sup>④</sup> 这一简洁的表述，指出了民系与民族是流与源的关系。关于各个民系是怎么形成的，他在民族演化过程中指出："若干不同的民族，有时会因环境和时代的变迁，互相混化，成为一种新起的民族；而一个庞大的民族，有时亦会因环境和时代的变迁，逐渐分化，成为若干不同的系派，这些都是不可避免的事实。"<sup>⑤</sup> 从这可以看出，环境和时代的变迁既会使各民族朝聚合的方向演进，也会使单个民族朝分化的方向发展。但这两个方向的演化完全是反方向的，其所指的环境和时代变迁是否有差异呢？罗香林只用了"有时"进行区分，所指不太明确。在这个

---

① 梁洪生：《鄱阳湖区张氏谱系的建构及其"渔民化"结局》，《近代史研究》，2010年第2期。
② 郑振满：《明清福建家族组织与社会变迁》，北京：中国人民大学出版社，2009年，第78页。
③ 钱杭：《血缘与地缘之间：中国历史上的联宗与联宗组织》，上海：上海社会科学院出版社，2001年，第3页。
④ 罗香林：《民族与民族的研究》，《文史学研究所月刊》，1933年第1期。
⑤ 罗香林：《民族与民族的研究》，《文史学研究所月刊》，1933年第1期。

语境下的两个"有时"，可以指同一个环境下的时代变化促使的民族形态变化，体现出民族发展与时代的同步性；也可指同一个时代中的环境变化促进民族发展的新走向，体现出民族发展与环境关系的紧密性；还可指同时代、同环境下的变迁使得不同民族出现不一样的发展，体现多民族发展的多样化。前两种理解体现出民族的一元进化思想，后一种理解体现出民族的多元进化思想。事实上，民系正是在国族演进的讨论中提出的，体现出罗香林的多元进化思想，后一种理解或许更符合罗香林当时的学术取向。

为进一步阐述环境与时代的变迁对民系的作用，罗香林将民系细化为外缘（外因）、天截（环境）和内演（内因）三种原动力。外缘或是民族之间的局部接触与影响而形成原民族的一个支派；或是民族之间的斗争引起部分族众外迁，又受环境的影响形成民系；或是民族之间的生存竞争被外族分隔成为民系。天截或是地质、气候的剧烈变化使得民族被分隔成两部分，民族固有要素发生变化；或是气候变化促成移民运动，在移民过程中发生分化且演变为民系；或是某个民族聚居地的局部气候发生变化，促使演变为不同民族。内演或是民族内部活跃分子的积极向外发展而分化成若干系派；或是民族内部的偶然事变而分化成民系；或是政治制约而从民族分化出一种民系。[①] 每种原动力又形成了民族支流产生的三条不同路径，这都是建立在一种逻辑推演下形成的九条可能路径，这些路径在《客家研究导论》中出现了部分变化，即使提到的三种原动力，在做客家民系的形成研究时也是综合考虑。也就是说，民系是民族在社会与环境各种因素的综合作用下而分化的支派。

民系形成后有两个问题值得思考：民系从民族源头上继承了什么，又表现出了何种新变化。这两个问题罗香林表述为："民族的构成，全以人

---

① 罗香林：《民族与民系的研究》，《文史学研究所月刊》，1933 年第 1 期。该论文还指出，在外缘的作用下可以使得数个民族之间发生同化或混化而成新民族。

种、地理、语文、文教四原素为基本属性，若此基本原素有所变化，则其民族形态亦必随之而变。所谓民族的各个局部会成为各殊支派者，就是说，族内各个部分，以受有外来特殊影响，使其原有各种原素发生若干变化，而其变化的程度，又尚不能遽至使该民族完全失却整个属性的存在，因此各局部便成为各个微有分别的民系。"① 从最后的结论看，民系的民族属性没有改变，也就是民系继承了原民族的族属；民族的四要素发生变化，才使民族形态发生变化，即是产生分化而成的民系，各民系之间微有分别，也在于四要素的微有分别，民系的新变化就在于四要素的新。也就是说，这四要素可以用来区分民族，也可以区分民系。但是，当在一个民系的族属有争论的情况下进行研究，用此四要素作为参考时，有可能把它定性为一个民族，例如罗香林 1930 年的书稿对客家族属的定位就是客家民族。② 随着进一步的研究，估计罗香林也发现了仅以此四要素区分民系的微有差别容易造成逻辑问题，后来提出了特性一说："一民系有一民系的特性；所谓特性，与属性不同，属性是指构成民族或民系的种种规准，如语言、文教、地理等等便是；特性是指由各种属性规范而成的惯例或脾气与好向；属性是母是体，特性是子是用；属性是整个的，特性是片面的、畸形的，不片面、不畸形，便没什么特不特了。"③ 从中可以看出民系特性的两个层面：一个层面是指民系属性与民系特性既形成母子的上下代关系，又形成整体与局部的包含与被包含关系；另一个层面是民系在民族的各民系中进行比较，或与原民族比较，显示出其既具有标志性又具有区别性的特性。这样，既体现了民族与民系之间源与流的关系，又体现了它们之间的差异。罗香林在 1933 年的《客家研究导论》一书中，通过研究客家与汉族的关系、客家的特性等问题，得出了客家为"一种富有新兴气

009

---

① 罗香林：《民族与民族的研究》，《文史学研究所月刊》，1933 年第 1 期。
② 罗香林：《客家研究后记》，《清华周刊》，1931 年第 1 期。
③ 罗香林：《客家研究导论》，兴宁希山书藏，1933 年，第 240 页。

象、特殊精神、极其活跃有为的民系，……是汉族里头一个系统分明的支派"① 的结论。至此，民系与民族的关系可以总结为：民系既继承了原民族的属性，又发展出了自己的特性。

民系来自民族分化，要了解民系要素必先了解民族的要素，而民族的要素与属性紧密联系在一起："构成民族的原素，……重要的只不过人种、地理、语文、文教四种罢了，……而人种、地理、语文、文教四者则为其成形为民族的属性。"② 民系继承原民族属性，民族属性体现在民族要素上，因此，民系要素也是人种、地理、语文和文教。

人种是一种自然派别，包含血统与体质两个方面，血统为各个人群世代相传的内在特征，在客家民系的研究中，对于血统问题争论激烈。当然，这种血统论是基于当时的土客冲突而逐渐引发的。清咸丰六年（1856）至同治六年（1867）12 年间的广东西路土客大械斗，由本地人修撰的《广州府志》和《新宁县志》将客民称为客贼、客匪。③ 也有外国人在书中对客家进行污蔑，引起客家的公愤与反击："民国十年，……时西人为耳葛德所编英文世界地理，于客家民族，颇有蜚语。客家接闻，大痛公愤，乃开代表大会于广州，协议交涉及修改诸法，并成立永久团体，设报馆，刊传单，大有借题发挥之意。消息传来，益使余悲。"④ 这种争论刺痛了作为客籍的罗香林，其于 1931 年在《客家研究后记》中指出客家的优秀性，"一若中国之有客家，亦似牛乳之有酪脂者焉"。其实，这次的回应还只是停留在客家品性上，也是对西人所编的《世界地理》中"其山地多野蛮的部落、退化的人民，如客家等等便是"⑤ 的应对之策，这种应对含着进化论的思潮，但这种进化思潮又是如何进入血统演化的呢？进化思

---

① 罗香林：《客家研究导论》，兴宁希山书藏，1933 年，第 1 页。
② 罗香林：《民族与民族的研究》，《文史学研究所月刊》，1933 年第 1 期。
③ 罗香林：《客家研究导论》，兴宁希山书藏，1933 年，第 26 页。
④ 罗香林：《客家研究后记》，《清华周刊》，1931 年第 1 期。
⑤ 罗香林：《客家研究导论》，兴宁希山书藏，1933 年，第 26 页。

潮是建立在客家血统论争执的问题之上，要证明自己血统高贵，就必须追溯祖源的高贵，这样才符合生物意义的遗传逻辑。罗香林对当时的客家血统论争执做了归纳："其一谓客家为苗蛮的别支，……其二谓客家为古代越族的苗裔，……其三谓其不与汉族同种，……其四谓客家为纯粹的汉种。"① 前三种观点都被罗香林逐一否认，第四种观点罗香林大体上认可，并从客家先民的"五次"南迁，② 各次背景、动机，历次关联等方面做了更详细明了的论证，进一步证实客家为汉族的分支。③ 这种逻辑也符合中国历代以汉族人为文明中心，视东夷、南蛮、西戎、北狄为未开化民族的观念。所以，只要证明了客家为北民南迁的汉族分支，就证明了客家有着东晋衣冠南渡等的高贵血统，从而在血统上否认了广府人、西方人眼中的客家是苗蛮或古越族的分支，是落后的、野蛮的观点。

地理是人类生存的居住环境与物质环境，并且可形成与环境相关的行为、制度。"人类社会，一切行为，一切制度，都是由环境势力和人们唯生机能所推荡、所支配而成的。"④ 研究一个具体的民系行为，就必然要触及其具体生存境况。在对客家民系的研究中，通过对客家腹地（赣闽粤交界处）的山地环境分析认为，耕地缺乏驱迫客家人继续外迁，交通的艰阻有利于保存语言和习惯。客家精壮男子外出谋生谋职，形成的向外扩展的精神为国内其他任何民系所不及，而留家妇女集耕织、烹饪于一身。由于经常翻山越岭，客家人身体健美，在山崩河淤时迫使客家人到平原谋生，作为平原腹地的广府（本地）与福佬二系自然无法与艰苦勤劳的客家竞争。⑤ 罗香林对环境形成客家人的优秀行为、环境保存客家语言（唐宋汉

011

① 罗香林：《客家研究导论》，兴宁希山书藏，1933 年，第 105 – 111 页。
② "五次"南迁：东晋五胡乱华至隋唐，客家先民自北南徙的第一时期；唐末黄巢起义及五代，造成第二次的迁移运动；宋末元人南侵，形成第三次迁移；明末张献忠屠城与内部人口膨胀，自康熙中叶至乾嘉之际，形成客家迁移的第四时期；经营农工商业，向平原都市发展，自同治六年至民国时期，是客家迁移运动的第五时期。参见罗香林《客家研究导论》（1933 年）第 45 –63 页。
③ 罗香林的《客家研究导论》第二章"客的源流"有专章讨论。
④ 罗香林：《民族与民族的研究》，《文史学研究所月刊》，1933 年第 1 期。
⑤ 罗香林：《客家研究导论》，兴宁希山书藏，1933 年，第 12 – 14 页。

语）等方面进行了多方面的论述。客家的山地环境不仅给客家民系提供了栖身繁衍之所，还形成了许多优良的品性，是其他民系难以比拟的。总之，在罗香林看来，地理是形塑客家民系行为的重要因素。

语文指语言文字，在讨论客家血统的四个观点时，主要的一个依据就是客语研究。① 语文不仅是罗香林进行民系研究的一个要点，也是当时的一个学术取向。之所以成为一个取向，有两个方面的原因：一方面，语言的差异容易被感知，能产生一种隔阂，"而语言往往因其起源不易考证，更容易使这种想象产生一种古老而'自然'的力量"②；另一方面，在土客产生矛盾时，客语常被本地人嘲笑为南蛮鸟语，被迫自我证明客语为文明语言。因此，语文放在民系要素中，是民系研究的内在需求，也是当时学术的研究取向，还有客家民系被迫自证的要求。

文教是文明教化的简称，罗香林将文明教化细化为十三项，③ 但是，他掐头去尾只保留了第四至十一项，把爱国与保族思想放于保留诸项的首位，并列举了辽金元明清的客家义士进行说明，④ 更关键的是专写一章"客家与近代中国"，列举太平天国客籍洪秀全、杨秀清推翻清廷的革命主张，客家人冯子才等对外抗敌的爱国行为，孙中山领导的国民革命运动等作为客家民系的代表进行激昂的阐述，并且这项完全有利于被动中的客家逆势而上，再一次以铁的事实反击污蔑客家人为退化、落后人群的西方人和广府人。所以，文教要素对于民系研究来说，在于如何理解与选择。

特性是从民系的生存行为与理想追求中高度概述出来的。罗香林对客

---

① 中外讨论客家问题的人，多专门致力于客语的研究者。罗香林：《客家研究导论》，兴宁希山书藏，1933 年，第 15 页。

② 吴叡人：《认同的重量：〈想象的共同体〉导读》，1999 年，第 12 页。引自 [美] 本尼迪克特·安德森著，吴叡人译：《想象的共同体——民族主义的起源与散布》，上海：上海人民出版社，2011 年。

③ 分别为：一，社会组织；二，人们行业；三，一般风俗；四，爱国与保族的思想；五，普通信仰与特殊宗教；六，气骨与体面的观念；七，屋宇与祖坟的建筑；八，技击与械斗；九，学术；十，文艺；十一，艺术；十二，科名；十三，人物。见罗香林：《客家研究导论》，兴宁希山书藏，1933 年，第 157 页。

④ 罗香林：《客家研究导论》，兴宁希山书藏，1933 年，第 157－174 页。

家民系概述出了七项，其一为客家人各业的兼顾与人才的并蓄，其二为妇女的能力与地位，其三为勤劳与洁净，其四为好动与野心，其五为冒险与进取，其六为简朴与质直，其七为刚愎与自用。[1] 这七项是对客家民系生产生活面貌、价值取向的提炼，既能客观地再现民系的各个方面，又能显示出民系的个性与亮点。

民系的四要素有着各自的独立性，同时也存在着内在的关联。人种的血缘性，能够追溯人群的世系，知晓人群的祖先，也是语言使用、传承的活体；地理境况对语言的保留与变迁起着很重要的作用，对民系的生活行为、制度、文教等具有形塑力；语文能起到促进人群交流、书写制度文化等的作用；文教能起到让人群适应环境又改造环境的作用。至于特性，是在四要素的基础上发展形成的，是民系内在与外在的综合反映。

罗香林所指民系，是民族里头的种种支派，同时又道出了民系与民族存在一种血缘关系，因此，民系论又被称为血缘论。血缘被包含在民系原素人种里头，可用来追溯民系的历史渊源。罗香林认为客家是汉族里头一个系统分明的支派。[2] 房学嘉认为客家主体是古百越族后裔："客家共同体是历史上南迁的中原人与生活于闽粤赣的古百越族后裔相融合形成的人们共同体，其主体是生于斯长于斯的古百越族后裔。"[3] 陈支平认为客家是南方各民系融合形成的："客家民系是由南方各民系融合形成的，客家血统与闽、粤、赣等省的其他非客家汉民血统并无差别，他们是中华民族一千多年来大融合的结果。"[4]

上述客家源流观点虽然有重大差异，但都是在重视人种血缘的情况下对客家民系属性展开的研究，对于这一点，谢重光持否定态度："这些强调客家血统高贵、纯粹，以血缘作为判定是否是客家之最重要标准的做

① 罗香林：《客家研究导论》，兴宁希山书藏，1933 年，第 240－246 页。
② 罗香林：《客家研究导论》，兴宁希山书藏，1933 年，第 1 页。
③ 房学嘉：《客家源流探奥》，广州：广东高等教育出版社，1994 年，第 324 页。
④ 陈支平：《客家源流新论·序言》，南宁：广西教育出版社，1997 年，第 3 页。

法，是没有根据的，也无助于说明客家民系和客家精神的形成的。"① 并提出界定客家的主要因素："我们认为，'客家'是一个文化概念，而不是一个种族概念。"② 这个文化到底指向哪里，它既包含了方言系统，又指具有山区特点的农耕经济生活，还形成了以团结、奋进、吃苦耐劳和强烈的内部凝聚力及自我认同意识为主要特征的族群心理素质。③ 这种对客家的判断，放在罗香林所指民系的四要素中理解的话，则否定了人种要素，保留了地理、语文、文教三要素，后面的三要素在谢重观这里统一指向文化。否定人种要素，即否定祖先源流对民系的判定，否定了客家民系的研究范式。

谢重光指出客家是一个文化概念，但文化包容广泛，是否可以进一步缩小其范围，值得探讨。王东对于文化在客家属性的判断上，进一步将之细化为客家方言："我们认为，在客家这个群属的一切文化特质中，只有客家方言才是该群属所特有的。……一个客家人之所以把另外一个客家人归入自己的群属，最主要的原因就在于对方操有与自己相同的语言——客家方言。"④ 方言在民系研究中的地位，罗香林已经提及，但王东认为罗香林对民系的划分使用了两个不同的标准："一个是共同的方言，另一个则是人口的源流。正是由于划分标准的这种歧义，导致了'民系'这一概念的不确定性。"⑤ 王东的这个指责，来自罗香林用湖南人与江西人之间的渊源上的关系提出"湘赣系"，而不是使用方言对湘赣民系进行判断。⑥ 就民系属性的判断标准而言，王东指出的问题值得注意，因为罗香林没有坚持

① 谢重光：《客家源流新探》，福州：福建教育出版社，1995 年，第 12 页。
② 谢重光：《客家源流新探》，福州：福建教育出版社，1995 年，第 12 页。
③ 谢重光：《客家源流新探》，福州：福建教育出版社，1995 年，第 12 - 13 页。
④ 王东：《那方山水那方人：客家源流新说》，上海：华东师范大学出版社，2007 年，第 35 页。
⑤ 王东：《那方山水那方人：客家源流新说》，上海：华东师范大学出版社，2007 年，第 32 页。
⑥ 王东：《那方山水那方人：客家源流新说》，上海：华东师范大学出版社，2007 年，第 32 页。

统一的学术标准。

但就方言而说，它是罗香林民系四要素之一，在民系研究的框架内，把方言看作民系的一个重要特征，并且将方言的出现与民系的形成联系在一起。19 世纪中期至 20 世纪初期，客家方言被污称为鸟语，为纠正这一偏见，罗香林对客家语言的源流变革进行辨证与考释，指出客语与中国古音第六期（元明清）音韵的分野，并反证客家上世的迁移与其民系成形的相对年代。① 单从客家民系而言，罗香林把人口源流（血缘）作为客家的主要判断标准，客语仅用来反证客家民系的形成，这符合罗香林民系的原本逻辑。王东提出用方言作为客家属性的判断，并否定了罗香林人口源流对民系属性判断的依据，这也是对谢重光文化属性论的进一步探讨，从这些层面讲，把客家方言作为客家属性的判断确实是一个新说。

2. 族群与客家研究

客家研究的"去脉"是从族群的角度继续进行的。1945 年以后的几十年时间，"人类学家放弃了人种学，不再以它来作为界定自己身份的活动，并开始为这个领域另外寻找根据"。② 人种因素被抛弃，实质是反思"二战"前的种族压迫，民系的人种因素包含着血统的正统论，因此用民系来研究客家的范式正在逐渐被扬弃。"二战"后，西方人类学界用 ethnic group（族群）取代"部落"和"种族"，用以强调非体质特征的基于历史、文化、语言等要素的共同体。③ 族群的研究者并不特别关注人群的血缘性，而是关注其客观特征、成员认同等。对于客家研究，使用客家族群是对客家民系内涵的扬弃，是客家研究的新趋向。客家作为一个"族群"存在和繁衍的理由，并不在于其自然意义上的"血统"的正统性或纯洁

---

① 罗香林：《客家研究导论》，兴宁希山书藏，1933 年，148－153 页。
② ［美］华勒斯坦等著，刘峰译：《开放社会科学：重建社会科学报告书》，北京：生活·读书·新知三联书店，1997 年，第 42 页。
③ 郝时远：《Ethos（民族）和 Ethnic group（族群）的早期含义与应用》，《民族研究》，2002 年第 4 期。

性，而是植根于语言、民俗等文化方面的基础。①

"族群"一词在 The Dictionary of Anthropology 中被解释为用来描述两个群体文化接触的结果，或者是从小规模群体在向更大社会中所产生的涵化现象。纳日碧力戈认为，族群最初指不属于基督教或者犹太教的异教，也用来指外来者或"异类"，作为族群的本义在后来的使用中发生了变化，这与美国的移民历史密不可分："来到美国的少数民族先是要求消除种族偏见，对各种不同文化背景的群体一视同仁，后来又强调自己的历史与文化的独特性，希望求同存异。"② 由此，他认为族群是在社会哲学思潮作用下发生的对于人类社会关系的一种新分类，对于移民来说："族群所指的对象实体是一种内核稳定、边界流动的人们共同体，它为多种社会结构提供了象征力量，从国民国家到地方社团都可以找到它的影子。"③ 这种对族群不同含义的梳理，大致指出了族群早期所指"异类"、外来者，经历了后来所指"内核稳定、边界流动的人们共同体"的演变过程。族群尽管有内核稳定的特征，但在不同的社会背景中其有不同的用法。在广东的研究中，周大鸣指出族群可以涵盖民族和次级群体，可以用来研究客家。在使用"族群"一词进行客家研究时，如何把握其核心问题，陈春声在《地域社会史研究中的问题——以"潮州人"与"客家人"的分界为例》一文中指出：族群问题的核心是文化或"教化"，而非血缘。王东在 2007 年的著作中所提出的"客家是方言群体"，正是这种研究的转向。

挪威学者弗里德里克·巴斯于 1969 年指出，把族群当作一个文化孕育的单位，也从组织类型的角度理解族群，认为它具有自我归属和由他人归类的特征。一种归类方式是族群归属，即由个人的背景和渊源所决定的最

---

① 陈春声：《地域认同与族群分类：1640—1940 年韩江流域民众"客家观念"的演变》，《客家研究》创刊号，2006 年，第 37 页。
② 纳日碧力戈：《现代背景下的族群建构》，昆明：云南教育出版社，2000 年，第 2 页。
③ 纳日碧力戈：《现代背景下的族群建构》，昆明：云南教育出版社，2000 年，第 2 页。

基本、最普遍的认同。① 这种双向认定可以形成一种与其他群体具有同一
阶层的不同种类，周大鸣认为巴斯的看法开启了族群研究新的里程碑。

　　部分中国学者给出的族群定义也融合着巴斯的看法，如潘蛟给的定
义："族群是人们在交往互动和参照对比过程中自认为和被认为具有共同
的起源或世系，从而具有某些共同文化特征的人群范畴。"② 周大鸣所赞同
的族群定义是由纳森·格雷泽所提出的："族群是指在一个较大的文化和
社会体系中具有自身文化特质的一种群体；其中最显著的特质就是这一群
体的宗教的、语言的特征，以及其成员或祖先所具有的体质的、民族的、
地理的起源。"③ 兰林友所提到的族群是："族群是相信分享共同的历史、
文化或祖先的人群。"④ 兰林友所提到的这个族群定义，是对前两个族群定
义要素的精练概括，笔者选择它作为本文的概念。文化可以涵盖宗教、语
言，历史可以指祖先、起源或世系等。有外国学者指出，族群通常具有如
下要素：①共同的名称；②共同的祖先神话；③共享的历史记忆；④共同
的文化要素；⑤历史家园的联系；⑥团结感，等等。⑤ 共同的名称被看作
一种归类标识，共同的祖先神话含着拟制的世系，历史家园即族群的地理
起源，团结感具有自我归属的意义，如果增加一项他人归类，则是对族群
要素的全面概括了。

　　关于族群内在规定的讨论。1973 年《美国大词典》对族群性定义为具
有从属于特定族群的条件与族群自尊，《麦克米伦人类学词典》认为，族
群概念的关键特征是指对任何群体或类别的人进行区分或标识，且将识别
的群体与其他群体或类别的人之间做明确的或含蓄的对比。⑥ 前一个对族

---

　　① ［挪威］弗里德里克·巴斯著，高崇译，周大鸣校：《族群与边界》，《广西民族学院学报
（哲学社会科学版）》，1999 年第 1 期。
　　② 庄孔韶主编：《人类学通论》，太原：山西教育出版社，2016 年，第 339 页。
　　③ 周大鸣：《多元与共融：族群研究的理论与实践》，北京：商务印书馆，2011 年，第 9 页。
　　④ 庄孔韶主编：《人类学概论》，北京：中国人民大学出版社，2006 年，第 306 页。
　　⑤ 庄孔韶主编：《人类学概论》，北京：中国人民大学出版社，2006 年，第 306 - 307 页。
　　⑥ 转引自周大鸣：《多元与共融：族群研究的理论与实践》，北京：商务印书馆，2011 年，
第 26 页。

群性的定义指出了族群本身具有的客观条件与自我意识，后一个指出族群性是互动比较中显出的标识，这两个族群性的理解放置在一起，和巴斯的自我归属、他人归类对族群的界定实质是一致的。有关归属的问题，巴斯认为："一种归类方式是一个族群归属，即是由于个人的背景和渊源所决定的最基本的、最普遍的认同。在一定程度上，为了互动，成员们用族群认同去给他们自己和其他人分类，他们在此组织意识上构成了族群。"① 这种对族群的界定和前者对族群性的界定都是建立在族群的一些特征之上的，巴斯对族群的界定，在于指出族群之间的边界和族群性的界定存在同工异曲之妙。

族群认同是族群理论中的一个重要理论。族群认同理论可分为两派，一为根基论，一为情境论。对于这两个理论的理解，周大鸣认为根基论注重主观的文化因素，认为造成族群的血统传承，只是文化解释的传承，情境论者强调族群认同的多重性。也有一些学者把两派理论综合起来，认为只有在可行的根基认同与可见的工具利益汇合时，族群认同才会产生。② 笔者认为，两派结合起来能更好地把握族群认同的真实情况，也更有利于全面理解族群认同。

族群的双向认同源于弗里德里克·巴斯，他提出的"具有自我认同和被他人认可的成员资格"的观点有别于传统上对族群界定的客观内在特征，这种双向界定具有新的里程碑意义，从而使认同成为其后人有关族群理论的基石。③

族群通过什么要素来完成认同呢？是通过文化要素与继嗣关系等形式体现出来的。文化要素基本上等同于族群构成中的客观因素，"但是人们

---

① ［挪威］弗里德里克·巴斯著，高崇译，周大鸣校：《族群与边界》，《广西民族学院学报（哲学社会科学版）》，1999 年第 1 期。

② 周大鸣：《多元与共融：族群研究的理论与实践》，北京：商务印书馆，2011 年，第 33 页。

③ 郝时远：《Ethos（民族）和 Ethnic group（族群）的早期含义与应用》，《民族研究》，2002 年第 4 期。

只是挑选那些能够反映其世系或族源的文化特征来作为族群区分标志。"①
这种区分，就在显示自我认同的与众不同。"族群组织经常强调共同的继
嗣和血缘，这样由于共同的祖先、历史和文化渊源而容易形成凝聚力强的
群体。"② 所以，文化因素和共同的继嗣是族群认同的基础，这些因素会使
族群产生团结感。

族群原指外来移民，因此移民史是族群认同的重要内容和重要方式。
移民相互接触融合的过程也是通过移民形成新族群的过程。"中华文化源
远流长与移民负载文化传播移动是分不开的，如客家族群和客家方言的产
生就是典型的移民产物。"③ 客家有着北民南迁的历史记忆，存在客家祖居
地的石壁传说，操着相同的客家方言，这些都是客家族群认同的重要
基础。

### （三）简要述评

以上联宗研究涉及中国联宗的历史源流、联宗世系、联宗概念、联宗
特征、联宗活动的原因等，总体上体现了联宗研究的整体轮廓，这些研究
为本书提供了良好的学理基础。从联宗案例涉及的区域来看，饶伟新与梁
洪生对江西的联宗进行过研究；黄海妍、末成道男对广州的联宗祠进行过
研究；郑振满对福建的联宗有所涉及。就客家联宗专题而言，饶伟新对赣
南土客联宗进行过研究，指出清代联宗谱与客家文化的建构。从联宗案例
涉及的时段来说，他们都集中在 1949 年之前的联宗案例的分析。

客家研究涉及的"来龙"为民系理论，主要从民族学的角度探求民族
的分支，注重人种、地理、文教、语文基本要素等作为其民系的重要构成
部分。进入 20 世纪 90 年代以后，作为民系理论的"去脉"是族群理论，
主要探求移民过程中的融合与不同族群之间的边界问题，对民系要素中的
文教、语文等要素进行了继承，逐渐放弃了人种要素的血缘论，将这些要

---

① 庄孔韶：《人类学通论》，太原：山西教育出版社，2016 年，第 339 页。
② 周大鸣：《多元与共融：族群研究的理论与实践》，北京：商务印书馆，2011 年，第 194 页。
③ 周大鸣：《多元与共融：族群研究的理论与实践》，北京：商务印书馆，2011 年，第 34–35 页。

素作为文化大类纳入族群认同的内源性纽带中。在族群理论中，认同理论有着明显的社会心理学因素，运用族群理论进行客家联宗研究的成果较少，饶伟新的研究是其中的一个代表。

从上述情况可知，当代赣闽粤客家聚居区的联宗研究成果鲜见，运用族群理论对明清以来的联宗案例进行分析的成果也很少见。因此以《明中期以降赣闽粤客家聚居区的联宗与族群关系》为命题进行研究，在对赣闽粤客家聚居区联宗案例的研究基础上，可以为联宗的理论研究提供多样化的联宗类型，并且运用族群理论对联宗进行研究可以丰富联宗研究的理论视野。

## 三、基本思路

本书依据明中期以降赣闽粤客家聚居区的联宗案例特点，概括出族群认同的同姓联宗类型。现将研究的基本思路做一简要阐述。

首先是核心概念的界定。本书所涉及的核心概念是赣闽粤聚居区、客家、联宗、族群。赣闽粤聚居区是指赣南、闽西和粤东客家传统社会的生活区，它们在地理上相邻，但在行政上又各自独立。在宗族的相互关系上，因为客家移民从东晋至民国的五次大迁徙先后进入赣南、闽西和粤东，使得三地之间有着共同的人群关联，在清代的"迁界"政策下，粤东、闽西的客家又返迁赣南，导致移民的反复性，使得三个聚居区的宗族有着错综复杂的关系。联宗可根据自身目的决定地理范围扩展的程度，或为赣闽联修，或为闽粤合建宗祠，或为赣闽粤联合祭祖。客家，是基于历史的多次移民进入赣闽粤交界区，并与当地畲族、瑶族逐渐融合产生的族群，在南宋末期逐渐形成了客家方言，以此作为客家形成的重要标志。在清中期之后，又出现了"客家"概念，客家的族群意识也逐渐兴起，客家族群意识都体现在清末、民国和当代的宗族、联宗活动中。联宗，学界将联宗分为个人联宗、同姓联宗和异姓联宗三个类型，本书要研究的对象是同姓联宗这一类型。从时段上来说，定为明中期以降的同姓联宗；从空间范围来说，是以联宗活动的发起地为基础，其联宗的活动范围大致限定在赣南、闽西和粤东，但因移居、客家认同等，联宗的活动又会辐射到更远的地方，所以本书所用的联宗案例也涉及赣闽粤之外的地方。族群，它包含两个层面的内涵，首先是指一个外来移民形成的群体，有着共享的文化、名称团结感、历史记忆、祖先神话和历史家园的一个群体，其次是对这样一个群体进行相关研究的理论与方法。20世纪后半叶，族群概念及族群理论与方法在西方出现，90年代以后，这些理论与方法开始传入中国，包括族群、族群性、族群认同、族群边界等理论。从本书的整体研究来看，这几个核心概念密切相关，赣闽粤聚居区是本书研究所属的空间；客家是赣闽粤聚居区的人群性背景，是联宗的族群背景；联宗是本书的专题；族群是对联宗目标设定、联宗中的宗族选择的理论分析工具。

　　其次是本书基本框架的设置说明。本书主要从客家联宗的历史背景、联宗发展历程、联宗过程、联宗目标及族群认同的同姓联宗五个方面展开。首先以客家联宗的历史背景为联宗发展历程提供人群性背景，其次从联宗过程、联宗目标看赣闽粤如何完成族群认同的同姓联宗，最后以族群认同的同姓联宗展开专题讨论。从赣闽粤的移民简史，从移居到聚居的宗族发展做一个学术梳理；也为明中期以降赣闽粤三地之间的联宗发展历程提供一个人群性背景；从联合祭祖、世系与行辈字号的整合等内容对联宗过程展开讨论；从赣闽粤的族群背景探讨联宗目标即客家身份建构的过程；在前四方面内容的基础上，概述总结族群认同的同姓联宗，以赣南、闽西、粤东的联宗案例作为探讨的基础。

　　最后是对本书核心资料的使用说明。从已完成的联宗案例切入联宗研究是较为常见的联宗研究方法。本书主要使用赣闽粤的已完成的联宗谱文本，结合田野调查对联宗谱进行解读。深入赣闽粤客家聚居区展开田野调查，其中以客家文化进行联宗目标设定的有谢氏、邱氏、钟氏、张氏、黄氏、叶氏、赖氏、曾氏等多个姓氏。宁都谢氏族谱编修与谢氏客家文化研究合二为一；宁都邱氏联宗以宁都为客家邱氏发祥地自居；赣南钟氏联宗

以忠诚公为赣南客家始祖，把赣县白鹭乡白鹭村宗祠称为"南迁总祠"；福建宁化张氏源出宁都，兴盛于宁化，推广东曲江的君政公为客家始祖，在宁化石壁修建联宗总祠；黄氏联宗，推福建邵武峭山公为客家始祖；定南、于都叶氏联修族谱、修缮祠堂，均称弘扬客家文化；赖氏联宗以赣南18个县市区为基础，加上江西吉安、广东7个县市，还有广西、福建、台湾部分宗亲的参与，推崇宁都县肖田乡桴源村宗祠为客家肖氏祖祠。除了上述已经完成的联修案例的使用之外，本书还关注正在持续进行的联宗活动，如闽西石壁于当代兴建的客家公祠中的个人联宗，它是较为松散的个人联合祭祀，如果按已经完成的联宗谱或联宗祠去界定联宗是否已经完成的话，它仅仅具备了一个联宗共祖的最低要求，但它与本书所关注到的联宗谱文本形成补充关系，因此值得关注。因此，本书对联宗案例的使用呈现多元性，本书也是在这些田野调查的基础上，运用联宗理论、族群理论中的方法完成族群认同的同姓联宗类型研究，从而进行赣闽粤聚居区的联宗与族群关系研究。

# 第一章 客家联宗的历史背景

　　赣闽粤客家聚居地的联宗与客家这一人群性背景有着密切的关联，因此需要对客家的移民历史做一个基本交代。客家的移民是由历史上以北方移民为主融合当地畲族、瑶族而逐渐形成的一个族群，在南宋末期形成了客家方言，是客家形成的重要标志。宗族也是在客家移居、聚居的过程中逐渐产生的。清朝中后期以来，因族群竞争开始出现客家的主体意识，这些客家意识逐渐出现在当代的联宗谱上，并且对当下的联宗发生影响。这些客家移民史、客家方言、客家的主体意识等都是以后章节的重要内容，参与联宗的宗族以这些内容作为依据，对同姓宗族、个人做出选择或排斥。因此，本章需要对赣闽粤客家聚居区的联宗背景做一个基本梳理。

## 第一节 唐代至清代的北民南迁

　　据罗香林的研究，客家从东晋至民国共有五次移民历史，[①] 这种长时段的、持续性的移民，加上客家大本营的原住民，使得先民成分较为复

---

　　① 罗香林：《客家研究导论》，兴宁：广东省兴宁市永恒彩印厂，2003 年，第 53 - 79 页。第一次是由五胡乱华引发的南迁，直至隋唐结束，从山西等地渡黄河，依颍水，达长江南北岸；第二次为唐末黄巢的造反引发的移民，多为河南、安徽等地渡江入赣或闽南、粤北；第三次为宋室的南渡、元人的南侵迫使客家先民南迁，多为赣南、闽南的客家先民移向粤东粤北；第四次为明末时期，主要由内部人口膨胀引发移民，粤东粤北先民移向粤中、四川东部中部、广西、台湾等地；第五次为同治到民国时期，是赣闽粤山区的客家人向平原发展，移向广东南部，甚至到达海南岛。

杂。既有北方汉族南迁而来的先民，也有在该处反复流动的畲族、瑶族原住民，汉族与畲族、瑶族的融合逐渐加深。赣南、闽西、粤东虽同处相邻的山区，但受地理位置与交通等因素的影响，其在客家形成的过程中各有差异，也形成了自己独特的客居、族居格局。综合笔者可查阅到的族谱和已有的研究成果来看，唐代之前进入的移民数量相对较少，唐代及之后进入客家大本营的移民数量开始较为显著，这与本章第二节论述唐代以来的宗族发展具有重要关系，因而本节内容只叙述唐代至清代的移民简况，而罗香林所指的第一次迁移史在本节不做记述。

## 一、唐代以来赣南新老客家形成

赣南被认为是客家摇篮，早在秦代就有北方汉族涉足赣南，目前赣南最古老的姓氏是从东晋开始入居的。唐朝、五代的先民南迁，使得先民们成批进入赣闽粤三角区，成为客家民系的直接源头。[①] 宋高宗绍兴年间赣州户近12.1万，孝宗淳熙年间为29.3万，年平均增长率达25.6‰，高于全国年平均增长率几十倍。[②] 人口的快速增长，得益于外来人口的迁入。至明清时期，闽粤区既受内部人口繁衍的压力，又受到寇乱的影响，加上清初的"迁界令"等因素，闽粤籍移民又倒迁赣南，赣中流民也进入赣南中部、南部。[③] 赣南在客家人的迁入与倒迁的发展过程中，形成了特有的唐宋"老客"与明清"新客"的客居格局。在赣南东部紧靠闽西的宁都，清代时就已经出现老客与新客的分界，魏礼在《与李邑侯书》中指出："宁都属乡六，上三乡皆土著，故永无变动。下三乡佃耕者悉属闽人，大

---

① 罗勇：《客家赣州》，南昌：江西人民出版社，2004年，第16－19、40页。

② 吴松弟：《中国移民史》（第4卷·辽宋金元时期），福州：福建人民出版社，1997年，第350页。

③ 罗勇：《客家赣州》，南昌：江西人民出版社，2004年，第58页；饶伟新：《明代赣南的移民运动及其分布特征》，《中国社会经济史研究》，2000年第3期。

都建宁、宁化之人十七八，上杭、连城居其二三，皆近在百余里山僻之产。"①　土著即老客，佃耕者为闽西倒迁的新客。赣南西部的上犹县营前镇，明末清初迁来了张、黄等姓，与宋时迁入的朱、陈、蔡三姓形成新、老客家共居的局面。②　赣南中部、南部的兴国、于都、会昌等县，明代接受了来自赣中的移民，形成了罗香林所指的非纯客住县。③

## 二、南宋闽西客家与石壁中转站

闽西客家区也是较早接受移民的客家聚居区。唐末、五代和宋初是移民进入时期，而南宋是移民的一个重要时期，有学者研究指出："随着宋王朝的南渡，中原和江淮人民大规模南移，其中一部分远徙至赣闽粤交界区域，成为闽西南外来移民的重要来源，其中有些移民是原来已定居于赣中、赣南的人民，因种种原因而移入闽西甚至粤东。……也有来自今鄂西南和湘西地区的武陵蛮。"④　可以看出，闽西客民聚居的重要时期在南宋，其接收的移民来源也是多种多样，并有反复。对于闽西客家民系中的象征——宁化石壁，有学者指出："闽西在客家民系形成过程中处于核心地位，起了关键作用。"⑤　石壁也是客民流向广东等地的中转站，是被后来修谱者追溯的经过地，它已经形成了一个客家族群自我认同的文化符号。

## 三、宋元以来粤东移民与客家形成

梅州市是广东客家人主要的聚居地，也是重要的迁出地。宋元之际，已经有一部分客民流入粤东北。吴松弟在对宋元人口流动进行研究时指

---

①　（清）杨锡龄等主修：《宁都直隶州志》（重印本），赣州：赣州地区志编纂委员会办公室，1987年，第772页。

②　陈卫国主编：《上犹文史资料》（第7辑），赣州：赣州市祥和印刷厂，2008年，第6－16页。

③　饶伟新：《明代赣南的移民运动及其分布特征》，《中国社会经济史研究》，2000年第3期。

④　谢重光：《福建客家》，桂林：广西师范大学出版社，2005年，第18页。

⑤　谢重光：《福建客家》，桂林：广西师范大学出版社，2005年，第50页。

出："宋元之际和元代这八九十年中迁入广东，正是这些氏族对广东客家的形成和发展产生重大作用。"[1] 南宋后期的梅州，已有相当数量的汀州和赣州的移民了。至明初，福建客家人开始移入粤北英德、翁源、韶关，在进入韶关之际，又有较多客家人进入粤东梅州。[2] 明清时期移民大量迁入，主要聚居在梅州山区，[3] 至清代时期，梅州山区又成了人口外迁之地，大量客家人一方面向潮州、惠州、广州和肇庆等地迁徙，另一方面又北上迁入赣南、赣西北及四川等地。嘉庆以后，大规模的人口外迁已经停止，人口发展的空间已经变得狭小，区域内的资源紧缺必定会制约区域内人口的发展。[4] 正因为如此，梅州山区的客家人需要走出山区与外族竞争生存资源，用围龙屋将族人与外界隔离起来，形成了何国强所指的"围屋里的宗族社会"。[5]

## 第二节　唐代以来的宗族发展

唐宋移民开始大量进入赣闽粤交界地带，聚居程度逐渐增加。从历届谱序中可以看出，唐代已经开始出现了编修族谱的现象，到了宋代，族产已经获得了一定的积累，开始创建祠堂。明代的"大礼仪之争"，促成了庶民祠堂在明清时期大量兴建，宗族制度也呈现出发达、完善之势。在赣闽粤客家聚居区中，宗族发展呈现出各自的特点。

---

① 吴松弟：《中国移民史》（第 4 卷·辽宋金元时期），福州：福建人民出版社，1997 年，第 188 页。

② 谭元亨主编：《广东客家史》，广州：广东人民出版社，2010 年，第 68 页。

③ 黄淑娉主编：《广东族群与区域文化研究》，广州：广东高等教育出版社，1999 年，415 页。

④ 曹树基：《中国移民史》（第 6 卷·清时期），上海：复旦大学出版社，2022 年，第 199 页。

⑤ 何国强：《围屋里的宗族社会：广东客家族群生计模式研究》，南宁：广西民族出版社，2002 年。

## 一、唐至清的宗族发展

随着同姓人口聚居密度的增大，宗族开始出现。曹树基先生对赣闽粤边界的人口研究表明，大批唐宋移民的进入，致使宋时土著不到总人口的20%，[①] 外来人口的聚居度提高，宗族也开始在这广袤的山区环境中出现。赣南宁都桴源赖氏于唐长安二年（702）完成了第一次修谱，[②] 宁都黄陂中坝廖氏于唐天宝十四年（755）创修族谱，[③] 宁都黄氏于宋朝绍兴年间（1131—1162）在城北建立宗祠，[④] 信丰温氏于宋祥兴元年（1278）进行了第一次修谱。[⑤]

宋元时期，宗族得到初步发展。南宋后期，客家民系已在赣闽粤这片广袤的山区地域成长起来，其最重要的标志就是客家方言的形成。[⑥] 客家民系的形成，也促进了宗族的发展，闽西客家宗族在宋代已经有所活动，宁化石壁镇江口村张氏族谱首修于宋嘉祐八年（1063），淮土乡田背村官忠坑张氏祠堂建于宋宝祐元年（1253）。[⑦] 元朝是闽西许多宗族迁移开基的重要时段，[⑧] 石壁镇、淮土乡的修谱建祠活动逐渐增多。

明清时期，赣南的宗族进入快速发展时期，"宋元时期，赣南客家的宗族制度开始建立，……及至明代中叶，赣南客家宗族祠堂的兴建进入到

027

---

① 曹树基：《赣、闽、粤三省毗邻地区的社会变动和客家形成》，见中国地理学会历史地理专业委员会《历史地理》编辑委员会编：《历史地理》（第14辑），上海：上海人民出版社，1998年，第125页。

② 邱常松主编：《客家第一姓：宁都赖氏》，香港：中华文化发展基金会出版社，2003年，第96－101页。

③ 廖咸宜主编：《廖氏清河璜溪十六修族志》，1994年。

④ 黄尔炽主编：《赣南宁都黄峭山后裔与客家文化》，2004年，第73页。

⑤ 《赣南客家温氏文化发展史》编委会编：《赣南客家温氏文化发展史》，南昌：江西人民出版社，2009年，第228页。

⑥ 罗勇：《客家赣州》，南昌：江西人民出版社，2004年，第56页。

⑦ 张恩庭、张桢主编：福建省宁化县四修《张公君政总谱》，2002年，第277、279页。

⑧ 杨彦杰主编：《宁化县的宗族、经济与民俗》，香港：国际客家学会，海外华人资料研究中心，法国远东学院，2005年，第4页。

一个高潮时期"。① 在闽西宁化，明永乐年间湖村镇张氏修谱，中沙乡张氏于明成化年间建祠。② 广东宗族组织在明代获得较大发展，永乐年间，潮州刘氏家族出了三位举人，使得一度中断的系谱、宗族活动又重新活跃起来。③ 宗族发展的鼎盛时期是清代，粤东梅州的宗族发展情况于清初已经较具特色，"在康熙年间，叶姓一族，其'族数千人'，是为大族。该地居民，为聚族而居，还创建了具有特色的客家民居建筑'围龙屋'"④。

## 二、赣闽粤的宗族发展

赣南的宗族自唐代开始创修族谱，"宋元时期，赣南客家的宗族制度开始建立，……及至明代中叶，赣南客家宗族祠堂的兴建进入到一个高潮时期"⑤。被学界誉为家族式城堡的赣南围屋，是从明中晚期开始出现的，清乾隆至嘉庆为形成期，咸丰到民国初年为高潮。⑥

闽西宗族不仅与外来移民有着直接关联，还与内部人口的繁衍存在着很多关联。有学者通过对龙岩五个客家县的宗族进行调查分析，认为宗族是南宋末年或宋末元初迁来开基的，而元朝是闽西许多宗族迁移开基的重要时段。这些宗族的先祖，并不完全源于外来移民，内部再迁移的人口起着重要作用，从明代的方志记载来看，同姓聚居的密度增加会逐渐建立起宗族。"自明中叶以后，福建民间家族祠堂建造，进入了繁荣时期。"⑦ 这种家族祠堂建造的繁盛现象，与明代的空前聚居密不可分。刘善群通过查阅明崇祯编修的《宁化县志》发现，明后期的宁化县有 261 个村，而以姓命名者有 133 个，占一半多。⑧ 这种一姓一村的现象足以说明聚族而居的

① 林晓平：《赣南客家宗族制度的形成与特色》，《赣南师范学院学报》，2003 年第 1 期。
② 张恩庭、张桢主编：福建省宁化县四修《张公君政总谱》，2002 年，第 306 - 307 页。
③ 黄挺：《十六世纪以来潮汕的宗族与社会》，广州：暨南大学出版社，2015 年，第 4 页。
④ 方志钦、蒋祖缘主编：《广东通史》，广州：广东高等教育出版社，2007 年，第 1156 页。
⑤ 林晓平：《赣南客家宗族制度的形成与特色》，《赣南师范学院学报》，2003 年第 1 期。
⑥ 万幼楠：《赣南围屋研究》，哈尔滨：黑龙江人民出版社，2006 年，第 41 - 45 页。
⑦ 陈支平：《福建族谱》，福州：福建人民出版社，2009 年，第 12 页。
⑧ 刘善群编著：《客家与宁化石壁》，北京：中国华侨出版社，2000 年，第 181 页。

普遍格局。

"这些宗族大部分都不是刚从外省迁入的，而是在闽西地区经过再度迁移开基才发展起来的。"① 福建永定县是客家聚居区，也是土楼建筑群最集中的区域，土楼的兴盛与环境密切相关。明正德年间开始建立第一座土楼，清康熙至乾隆年间为集中兴建期，共建 40 座。建立的方式有个人独建、兄弟合建、同宗族人联建三种方式，其中以个人独建为主。土楼规模大，很适合聚族而居的生活方式，又因大多是个人独建，土楼内的族众都是土楼创建者的后代，并都会祭祀土楼的创建者，祭祀活动集中在大宗祠内进行，大宗祠是宗族的祭祀处。土楼之间的排列有一定的顺序，并受辈分高低、亲疏远近的影响。②

有学者根据文献资料和田野调查资料指出："闽西南客地各个宗族形成比较成熟的宗族社会的时间，上起明初，下迄清中叶乾嘉年间。"③ 而闽西北地区的宗族发展要晚于闽西南："闽西北地区的绝大多数聚居宗族，直至清中叶以后才开始建祠堂、修族谱。"④

粤东的宗族从明代开始较为普遍，清代是其发展的顶峰。广东在明中叶以后，因里甲制的破坏，宗族聚居逐渐成为客家传统乡村的基本形式。据清乾隆大埔《茶阳饶氏族谱》载："族人自嘉靖丙戌建县后，方团居邑中。从前有避寇离散者，亦渐回保聚。"⑤ 清乾隆《丰顺县志》记载："丰邑分割嘉、海、揭、埔四州县成治，风俗约略相近。民皆聚族而居，质朴勤俭，无浮靡之习。重宗祠祀田，婚丧俱效文公家礼行之。"⑥ 丰顺于清乾

---

① 杨彦杰：《闽西客家宗族社会研究》，香港：国际客家学会，海外华人资料研究中心，法国远东学院，1996 年，第 4、6 页。

② 杨彦杰：《闽西客家宗族社会研究》，香港：国际客家学会，海外华人资料研究中心，法国远东学院，1996 年，第 23 - 44 页。

③ 谢重光：《福建客家》，桂林：广西师范大学出版社，2005 年，第 99 页。

④ 郑振满：《明清福建家族组织与社会变迁》，北京：中国人民大学出版社，2009 年，第 93 页。

⑤ （清）饶堂主编：《茶阳饶氏族谱》第 8 册，光绪三十二年（1906）。转引自温宪元、邓开颂、丘杉：《广东客家》，桂林：广西师范大学出版社，2011 年，第 178 页。

⑥ （清）葛曙主修：《丰顺县志》卷 7《风俗》，潮州：潮州市地方志办公室，2007 年。

隆年间已经广泛地聚族而居，并且宗祠祀田在生活中占有很重的分量，从其风俗雷同于被分割的四州县的表述中可看出粤东的嘉应、海阳、揭阳、大埔四州县的宗族发展到了高潮。从清晚期出现的《石窟一徵》中的"俗重宗支，莫不有祠"来看，可印证《丰顺县志》中所说的风俗雷同。①

从总体情况来看，法国学者劳格文做了一个比较，他认为闽西宁化在18世纪修谱频密，其反映出来的地方宗族文化与赣南宁都较为接近。② 从客家宗族发展的总体来看，族产是衡量宗族强弱的一个要素："明中叶以后，为了抵御外来势力的侵犯与提高本族在地方上的声望，……因此，客家人的宗族制度在新的形势下，在原有的基础上得到了强化，宗族组织日趋完善，宗族管理日益严密，宗族共有财产日益增加。"③

综上所述，唐宋时期赣闽粤客家聚居区的宗族活动较少见，属于宗族建立的起步阶段，宋元以来开始孕育并形成客家宗族制度，明清时期已经处于成熟阶段。有学者指出，明清交替之际社会动荡不安，粤东、赣南和闽西这一三角地带，人民往返迁徙、颠沛流离之余，落地生根，土地即为垦殖者所有。但因该区山陵起伏，可耕地极为有限，加上当时治安不靖，这一独特的生态环境，形成了此地客家围屋与宗族发展的基础。④

## 第三节　宗族与客家

赣闽粤客家聚居区的宗族具有客家这一人群性背景，从南宋时期赣闽粤开始出现客家方言，这个方言被学界看成这一人群性的重要标志，但客

---

① （清）黄钊：《石窟一徵》卷4《礼俗》，台北：台湾学生书局，1970年。
② 杨彦杰主编：《宁化县的宗族、经济与民俗》，香港：国际客家学会，海外华人资料研究中心，法国远东学院，2005年，第53页。
③ 孔永松、李小平：《客家宗族社会》，福州：福建教育出版社，1995年，第22页。
④ 房学嘉、谢剑：《围不住的围龙屋——记一个客家宗族的复苏》，广州：花城出版社，2002年，第197页。

家的主体意识的出现晚于客家方言。所谓的客家主体意识，一方面自我归类，以客家方言作为自我特征的重要标志，有意识地聚集成群；另一方面能够意识到与其他族群的边界，与他族保持一定的距离，甚至划清边界。作为具有身份意义的"客家"的出现，被普遍认为是客家主体意识出现的时期，如清康熙年间出现了"客家"称谓，地方政府也将这一现象记入方志中，清康熙年间修撰的赣南兴国县的《潋水志林》、广东紫金县的《永安县次志》都同时记录了这一称谓。除此之外，清末民国土客械斗，进一步激发了客家主体意识的觉醒与传播。

## 一、清代中期客家称谓的出现

清代初期，为应对明代遗臣郑成功与大陆沿海人员联络反清，清廷于顺治年间颁布了"迁海令"，广东、福建沿海的客民向广州府、肇庆府、赣州等地内迁。这一次客民内迁，又导致了客家人与广府人争夺生存资源，从而产生新矛盾。据学界研究，客家主体意识率先出现在非客语区。刘丽川通过对"湖广填四川"和"迁海复界"所引发的客家移民运动的研究，指出客家称谓出现在康熙至乾隆年间，而且"他称"率先出现在广州府、肇庆府的粤语区中，到了咸丰、同治年间"土客大械斗"之后才转为"自称"。① 这种"自称""他称"的出现，显示族群的自我归属与他人归类已经出现，并且被地方政府记录在方志中。较早出现记录"客家"称谓的永安县，当时归属于广州府，因此"客家"作为一种称谓的出现和国家政策、社会环境存在着关联。

虽说客家群体早在南宋末年已经形成，但客家意识是在清中期的族群互动中才出现，并且是在需要团结一致以应对外来压力的情况下出现的。澳籍华裔梁肇庭所提到的客家人在十七、十八世纪形成的"约"，正是族

---

① 刘丽川：《"客家"称谓年代考》，《北京大学学报》（哲社版），2001 年第 1 期。

群竞争时出现的。① 正如梁肇庭所指，客家意识出现在十七、十八世纪的"约"，即是族群竞争时期。②

## 二、当代族谱中的客家

从族谱的叙事来看，族谱中谈论客家的情况在民国及民国之前没有被发现。从客家研究的早期学者来看，徐旭曾被认为是最早研究客家的学者，在清嘉庆年间就写出《丰湖杂记》，里面用了谱牒资料阐述客家人的来龙去脉，并且用来教授给学生。但作为激发"客家"意识的主要事件，就是清咸丰与同治年间发生于广东西路的土客械斗，引起了社会的不稳定，也引起了知识界的广泛关注。客家主体意识传播、渗入普通民众，归因于清末民国的《岭东日报》对土客械斗与争论的宣传、《大同日报》对客家文化的专门传播。③ 这种传播效果很快体现在民国时期编修的萍乡《黄氏族谱》中，发声赞同罗香林的客家中原南迁史观与客家是中华民族精华的判断，声称要为萍乡客家人正名。④ 这种被激活的客家意识一旦被语言化，被行著于文字，就会快速传播，在客家群体中产生共同的心理效应。从社会层面观察，也可见客家与当地人的互动关系，如饶伟新提到清末民国的土客联宗，即是为能够提高同姓宗族在地方社会的地位而做出的决定。

作为族群组成部分的宗族或氏族，其客家身份在民国或之前并没有被强调，甚至是有意识地进行回避，可见"客家"当时作为一种称谓并不被普遍接受。在民国时期赖际熙编纂的《崇正同人系谱》与罗香林编纂的《客家史料汇编》中，都没有提到族谱中使用"客家"二字的信息，因为"客家"在民国或之前的方志中，还是一个被有意用来嘲笑的词汇，被故

---

① ［澳］梁肇庭：《客家历史新探》，《中国社会经济史研究》，1982 年第 1 期。
② ［澳］梁肇庭：《客家历史新探》，《中国社会经济史研究》，1982 年第 1 期。
③ 罗香林：《客家研究导论》，兴宁：广东省兴宁市永恒彩印厂，2003 年，第 7 – 9 页。
④ 黄英德主修：《黄氏族谱》，1949 年，第 750 – 751 页。

意写成"犵家"。在一些出版物中，将客家定为落后的人民，"其山地多野蛮的部落、退化的人民，如客家等等便是。"① 即使是要为客家人正名的民国时期成立的香港崇正公会，也不愿意使用"客家"二字命名该组织，"他们因不欲自异于人，故不称客家，而称崇正。"② 客家族群当时在社会中处于弱势地位，并且还需要通过自我辩解保护自己，在族谱中自然就没有"客家"这个词汇了。

通过族谱讨论客家是当代族谱中所发生的。清末民国那段族群矛盾的洗礼，激发了客家族群以一种直观朴素的方式自证正统、先进，这种自证方式之一是族人通过对罗香林综合考察族谱的模仿，采用族谱联宗的方式进行。在联宗谱中频繁使用"客家"这个族群名称，也频繁引用罗氏的南迁史观，并且在此基础上进一步建构清晰的南迁史，在联宗谱中声称要为客家研究提供佐证，等等。在这些联宗谱中反映出来的特定行为与特定追求，是当代客家族群自我认同和自信的表现。

在上述因素的影响下，客家地区正在用客家意识重构族谱。据笔者调查，20世纪90年代以来的客家族谱逐渐地体现出强烈的客家意识，他们的行为是：认同客家始迁祖，编修具有"客家"字样的客家族谱，以此强调自己具有客家身份、建造客家联宗祠等。正像有学者指出的那样："经过认同和互动过程的族群关系呈现的是多元模式局面。"③ 在这些联宗的族群认同类型中，可以深入研究其族群认同的不同层次等。由此，可进一步发现联宗表现出来的族群认同类型，如赣南出现同姓的新客家与老客家的联宗，客家方言群与西南官话群的联宗，广东客家族群、粤语族群、闽南语族群之间的联宗都是这方面的体现。有的认同是具有客家文化含义的祖先建构、客家祠堂建设；有的是对编入族谱的所有世系、族群都加以客家

① 见1920年上海商务印书馆出版乌尔葛英文版《世界地理》，转引自罗香林：《客家研究导论》，兴宁：广东省兴宁市永恒彩印厂，2003年，第32、38页。
② 罗香林：《客家研究导论》，兴宁：广东省兴宁市永恒彩印厂，2003年，第38页。
③ 周大鸣：《多元与共融：族群研究的理论与实践》，北京：商务印书馆，2011年，第4页。

化，为族谱取命"客家某氏宗谱"，如同姓间客家与非客家的联宗；有的联宗谱体现出来的是对同姓族群共同南迁的历史回忆、追溯甚至建构，如新、老客家的联宗。日本学者濑川昌久指出："在讨论与族群有关的各类现象时，虽然已经内含了某些本源性的纽带和指标，但在最终意义上还是要把它还原为以行动为基准的主体的认识问题。"① 这种"还原为以行动为基准的主体的认识问题"的观点，可以在当代的客家联宗与客家族群关系中展开研究，因为当代客家联宗展示了一个客家族群的自我认同过程。

# 小　结

北民南迁的客家先民与当地土著融合，于南宋时期孕育出客家方言，被学界认为是客家形成的重要标志，并且宗族就是在这一客家人群性背景中孕育产生的。宗族出现的要求之一是定居、族居，然后才能逐渐发展为宗族。"至少在汉代以后，宗族的存在取决于人口的聚居程度、聚居方式、生育数量、家庭结构、世系血缘等原则。"② 对一个移民形成的客家聚居区来说，聚居程度是宗族是否发达的一个重要标志，早在唐宋时期，大量移民进入赣闽粤，此时开始出现编修族谱与创建祠堂。赣南、闽西、粤东三地因各自独特的地理环境，在接受移民的过程中相应地出现差异性，宗族存在的形态也相应地出现不同。唐宋是大批移民进入赣闽粤客家聚居区的开始。作为最早接受移民的赣南，在唐代开始出现宗族创修族谱的活动，因清朝的"迁界"政策，又导致赣南出现了新、老客家之分，宗族也相应

---

① ［日］濑川昌久著，钱杭译：《客家特性形成过程之研究——兼论民国初期著名军政人物的家族世系问题》，见庄孔韶主编：《人类学研究》（第3卷），杭州：浙江大学出版社，2013年，第2页。

② 钱杭、谢宝耿：《历史研究与田野考察相结合——钱杭研究员访谈》，《学术月刊》，1999年第10期。

地出现新、老客家的族群背景；对于闽西来说，南宋为重要的移民时期，在宁化可见宗祠的建造与族谱的编纂活动；宋元是赣闽移民继续向粤东北迁徙的一个重要时期，宗祠的创建普遍见于清代。清代中后期的族群竞争使"客家意识"随之出现，并且在当代族谱中得以表现，还影响到后来的联宗。从赣闽粤客家聚居区的宗族整体来看，唐代是宗族发展的起步阶段，宋元是宗族制度的酝酿阶段，明清是宗族发展的普遍阶段，清中期出现的客家意识，逐渐融入当代宗族的发展，使得族谱的编修内容发生了重要变化。

# 第二章　客家联宗的发展历程

联宗是建立在宗族得到普遍发展的阶段上的，而赣闽粤客家聚居区的宗族在明清时期正是发展的成熟时期，即宗族得到普遍发展，其联宗也于此时出现。这与中国历史上的联宗普遍出现在明清时期正好一致。明清时期的社会环境呈现出不安定因素，土匪、流寇问题频发导致了具有防御功能的围屋建筑出现，如相应地出现赣南围屋、闽西土楼、粤东围龙屋，它们是族居兼防御功能于一体的大型建筑。清代中后期因出现族群之间的竞争，激发了客家族群意识，在赣南、闽西、粤东的联宗中呈现出各不相同的联宗目标需求，他们通过这些功利性目标以达到同姓宗族在社会中的科举、防卫等需求。从同姓联宗类型看，赣闽粤从明代至当代，同时存在着同姓联宗的三个基本类型。

## 第一节　明代中期以降的客家联宗

明代联宗是赣闽粤联宗的初始阶段，从《张氏统宗世谱》中发现江西、广东参与了一次同姓联宗，赣闽之间出现过一次联修。清代至民国是联宗的一个高峰，这一时期联修谱、联宗祠大量出现，而推动这些联宗出现的原因有科举、防卫等需求，即联宗目标。

## 一、明代联宗

明代联宗在赣闽粤已经出现，是联宗发展的初期阶段。明嘉靖乙未年（1535）发起过一次以姓氏为纽带的联宗，尊张良为祖，上溯至得姓始祖张辉。广东韶关等地宗族积极参加联修。其编撰成的联宗谱《张氏统宗世谱》在序言中表述："不异其异而同，不家其家而族，总千百年之派衍一书也。"提出"敦睦趋礼让"的联宗目标。① 明万历年间出现了赣闽张氏联宗、赣南宁都县与福建南靖县联修族谱，共尊南宋公奭为祖，这些属于在直系上可做一定追溯的同姓联宗类型。明万历《漳南新安马堂张氏家乘序》："我祖自南徙以来迄今二百年，所居新安之马堂，绵延若干世，分派若干人，若不谱以联之则世代自近而远，人情自亲而疏于其久也。世次不相知，名分不相识，并祖宗亦莫知其为谁族之人，将有相视为途人者矣。……遂相与询诸宗老合一族而谱之，……敦宗而修睦，联族而隆恩于二贤。"② 明代赣闽粤的联宗案例鲜见，其联宗通过祖先的追认达到同姓之人的团结，以达到增强社会地位的目标。

## 二、清代、民国联宗

清代是赣闽粤联宗发展的成熟阶段。福建于清代开始出现联宗谱，联宗的范围大到跨省进行："民间在修纂大型族谱的基础上，对不同地域内的同姓族谱进行联纂，许多跨府县、跨省份的超大型宗谱、世谱、统谱等，也大都在清代陆续出现。"③

江西的联宗在清代比较兴盛，从清乾隆二十九年（1764）江西巡抚兼

---

① （明）张士镐主编：《张氏统宗世谱》，《张氏统宗世谱序》《后序》，1535 年。美国犹他州家谱图书馆藏。

② 张万穆主编：《宁都洲塘张氏十二修宗谱》，《漳南新安马堂张氏家乘序》，2008 年，第274 页。宁都张小东藏。

③ 陈支平：《福建族谱》，福州：福建人民出版社，2009 年，第 25 页。

提督辅德关于江西合族祠的奏疏《请禁祠宇流弊疏》中可以看出："江西民人，有合族建祠之习。本籍城乡，暨其郡郭，并省会地方，但系同府、同省之姓，即纠敛金钱，修建祠堂。……所建府省祠堂，大率皆推原远年君王将相一人，共为始祖。如周姓则祖后稷，吴姓则祖泰伯，姜姓则祖姜太公望，袁姓则祖袁绍。有祠必有谱。"① 这份奏疏只是略举周、吴、姜、袁四姓，其联宗的范围为同府甚至是同省，发起姓氏联宗，可以说其联宗范围很广泛，属于以姓氏为符号的同姓联宗类型。对于赣南来说，土客在清代嘉庆、道光年间开始出现联合发展的趋势。② 广东大埔县丘氏于乾隆时期创建始祖庙，把白堠、漈溪、长滩几个地方不同的支派，统合为一。③粤北的大埔县宗族在清乾隆时期，参与在广州建立的谭氏联宗合族祠。④广东、新界地区于清后期出现联宗祠，大都设于广州、宝安、东莞城内。⑤

清代、民国可根据联宗的目的分为各种联宗类型，现将其联宗的原因归纳如下：

（1）地方公益型的联宗。福建联宗为的是各种地方公共事业，如因聚居的地缘情况而共同购买山林，修建村道、村庙、桥梁，"大多是由若干宗族组织联合举办的，或者是受到少数强宗大族的支配和垄断。"⑥

（2）提高社会地位型的联宗。清代福建联宗谱的情况是："超地域的宗谱、联谱的出现，与士绅人物的社会活动是紧密联系的。……他们在官场上一方面可以借助联宗统谱来加强自身的社会地位和政治生命力，另一

---

① 转引自钱杭：《血缘与地缘之间：中国历史上的联宗与联宗组织》，上海：上海社会科学出版社，2001年，第35页。

② 饶伟新：《清代赣南客民的联宗谱及其意义初探》，《赣南师范学院学报》，2007年第4期。

③ 肖文评：《白堠乡的故事——地域史脉络下的乡村社会建构》，北京：生活·读书·新知三联书店，2011年，第373页。

④ 黄海妍：《在城市与乡村之间：清代以来广州合族祠研究》，北京：生活·读书·新知三联书店，2008年，第7-8页。

⑤ 钱杭：《血缘与地缘之间：中国历史上的联宗与联宗组织》，上海：上海社会科学出版社，2001年，第30页。

⑥ 郑振满：《明清福建家族组织与社会变迁》，北京：中国人民大学出版社，2009年，第74页。

方面则因这些士绅人物有着较为广泛的社会交游和声望地位，修纂超地域的宗谱、联谱，自然非他们倡导不可。"① 清代汀州府李氏士绅攀附泉州籍李光地，请李光地为谱作序，汀州府《李氏族谱》序："余巡抚山东时，有汀杭同宗兵部侯推都司金事友琦，因抵京谒选，便来署谒余。予见其气宇卓荦，举止从容，知其渐磨于诗礼者已深也。复细询其家世，则与吾同出陇西，实宋宰相纲公之后。……吾愿友琦勉求，所以齐家之意，归以告族人，使咸知谱法之所系非小，则不远千里之辛苦。可以不负，即吾亦乐观其后云。"② 汀州的李氏士绅"不远千里"请李光地作序，通过追溯他们原来都是宋宰相纲公之后，联宗同祖便已成功。汀州府的李氏可以借助李光地提高本家族的社会地位。饶伟新提到的清末民国赣南的土客联宗，也是为提高同姓的社会地位而进行的联宗。

（3）科举目的型的联宗。清代广州的"陈氏试馆"，由东莞县、兴宁县、长乐县、新会县等地的陈氏宗族为主合资兴建。③ 黄海妍研究清代广州合族祠时，发现许多为科举而设的试馆、书舍、书院，有粤北乡村宗族子弟参与建设。④ 又如石城的郑氏，为科举联合瑞金、宁都的宗亲建立试馆。⑤

（4）争讼型的联宗。"率皆栋宇辉煌，规模宏敞。其用余银两，置产收租，日积岁多，因而不肖之徒，从中觊觎；每以风影之事，妄启讼端，借称合族公事，开销祠费。县讼不胜，即赴府翻。府审批结，又赴省控。何处控诉，即住何处祠堂，即用何处祠费。"⑥ 争讼的频繁导致地方社会治

---

① 陈支平：《福建族谱》，福州：福建人民出版社，2009 年，第 26 页。

② 转引自陈支平：《福建族谱》，福州：福建人民出版社，2009 年，第 26 – 27 页。

③ 钱杭：《血缘与地缘之间：中国历史上的联宗与联宗组织》，上海：上海社会科学出版社，2001 年，第 322 页。

④ 黄海妍：《在城市与乡村之间：清代以来广州合族祠研究》，北京：生活·读书·新知三联书店，2008 年，第 1 页。

⑤ 郑裕隆主修：《石城小松井溪郑氏八修族谱》，《重建州祠并建试馆记》，2013 年。石城郑珠玲藏。

⑥ 转引自钱杭：《血缘与地缘之间：中国历史上的联宗与联宗组织》，上海：上海社会科学出版社，2001 年，第 35 页。

理的成本增高，因此出现了辅德禁毁祠宇的奏请行为。民国十九年
（1930），宁都张氏与肖氏因地界发生械斗，"宁都布下祠，是全县张姓之
中心点，民国十九年前由月阶主持，廿四年后，由学洲主持，接待各房来
访，帮助各房讼争，取得必胜成绩。"①

（5）争夺地方资源型的联宗。宁化张氏联宗较为特殊，是同姓之间长
期争夺生存资源而发生"一姓二宗"的分裂，这种分裂导致各自联合其他
小宗小族。上祠宗族相对较弱，率先发起联宗以对抗下祠的强宗。因张氏
人口过于密集，进行资源争夺就成了必然，石壁镇张氏上祠于清乾隆完成
的第一次张氏联宗即是如此。"万历年间始开墟市"，宣城裔孙先年、编兴
"竖立界石为据"，并在鱼坪街弦边造有厕湖，"因先年争斯墟界，构讼"，
因黎氏出面调和，为答谢黎家把厕湖送之。② 至雍正年间，石壁上下祠矛
盾起于"蚌起千家围"，造成"上下祠构讼成隙"，出现"一姓而二宗"。③
乾隆年间，"昔九秀祖太遗业颇多"，因上下市"逐渐竞耗"，使得上祠
"祀产微薄"。④ 下祠宗族以九兴为祖，裔孙繁多。宣城裔孙为寻求同盟，
于乾隆七年（1742）找到势单力薄的三礤祖均茂进行联宗，称宣城与均茂
为"同父同亲"，⑤ 由此完成了《张氏总谱》的第一次联修，共同应对下
祠宗族。

（6）禁止同姓婚姻型的联宗。清代中后期，宁化石壁张氏人口发展过
于稠密，异姓为婚已经出现了困难，开始出现同姓为婚的现象。为禁止这
一现象，石壁上祠发起联宗，但石壁桂林张氏这一支拒绝了他们要求联宗
的行为，"是岁春，龙上下里张氏辑为总谱，欲溯各始祖之所出，以禁同

---

① 张恩庭、张桢主修：《张公君政总谱·续集》，2004年，第55页。石城张广东藏。
② 张桢主修：石壁上市《清河郡张氏十修族谱》（卷一），《禾口墟记》，1991年。美国犹他州家谱图书馆藏。
③ 张桢主修：石壁上市《清河郡张氏十修族谱》（卷一），《清河郡四郎公裔孙三房平资买千家围各处山场叙》，1991年。美国犹他州家谱图书馆藏。
④ 张桢主修：石壁上市《清河郡张氏十修族谱》（卷一），《九秀祖太祀产》，1991年。美国犹他州家谱图书馆藏。
⑤ 张守先主修：《张氏总谱》（卷一），《大宗源流总录》，1948年。美国犹他州家谱图书馆藏。

姓为婚之义。其意非不善也，而龙陂村张姓诸君子恐见讥于识者，谨守先人之矩护，另修家乘。"① 对于禁止同姓为婚的行为，在石壁存在不同看法，桂林张氏就是其代表，因此没有参加上祠同治四年（1865）邀请的联修行为。

（7）联合防御型的联宗。在第5个联宗案例中提到宁化张氏上下祠因争夺生存资源分别联合小宗小族，但在清乾隆之后发生了一系列的盗匪祸乱，促使了他们化解矛盾联合对敌。嘉庆癸亥年（1803），"石邑斋匪滋逆，各乡相集义勇为御流匪，保身家计"。上下祠派出代表商谈，认为"人连乡保御，何于我连族之更为得也。夫唇亡则齿寒，上下市其于唇齿何？千家围之衅可共化也"。为共同保身家计，上下祠放弃前嫌，携手合作。清代后期的大匪乱再一次促进了张氏的大联合。咸丰七年（1857）三月，"粤匪石达开攻陷县城"，"甲长张禧庭率乡兵御于乘凉桥，溃焉，禧庭死之"，"游击张敦五领官民二兵，御贼于上东门冈下埭，因兵少被害"，"教谕张人骧等骂贼不屈死"。五月，"张家坑张长龄则率其族人并左右邻村扼谌亨桥隘，……谌亨桥隘破，长龄被害"。咸丰八年（1858），水茜、高阳、中沙抵制匪乱皆大败，同治三年（1864），店上山、乌村、泉上下、盖洋等各乡蹂躏已遍。② 这一次的匪乱导致了宁化县人口的严重下降，道光九年时人口总数为379 240，至宣统三年时人口总数锐减至145 500。③ 从抵御匪乱中可知张氏宗族人口牺牲很大，石壁下祠祠堂也遭到重创，于咸丰八年被烧毁。④ 上祠支祠文彦公位下淮土的两栋香火堂于咸丰九年被贼烧毁。⑤ 在太平军运动的后期，宁化石壁张氏发起了一次更大范围的联宗，

---

① 张运锡主修：石壁桂林《张氏十一修族谱》（卷一），《源流后序》，1990年。美国犹他州家谱图书馆藏。

② 黎景曾等：《宁化县志》，厦门：厦门大学出版社，2009年，第37-38页。

③ 刘善群主编：《宁化县志》，福州：福建人民出版社，1992年，第131页。

④ 张恩庭、张祯主修：福建省宁化县四修《张公君政总谱》，《石壁下市茂甫公祠记》，2002年，第550页。石城张广东藏。

⑤ 张祯主修：石壁上市《清河郡张氏十修族谱》（卷一），《友明公房德陈公长子文细公位下祭产》，1991年。美国犹他州家谱图书馆藏。

并于同治四年完成联宗。

又如完成于 1947 年的赣南钟氏联修，也是抵御贼寇的一种方式。赣县意茂、意清、美荐、念六郎，于都县广观、义公、裴公、子升、彦明、七郎，兴国联禄 11 位开基祖发起联合修谱，尊珂为共祖，并在谱中构建了一段共同祖先的谱系，如珂公为始祖、德礼为二世（始迁祖）、文辉为三世、仲卿为四世、郎为五世、万保为六世（清康熙迁入赣南的肇基祖）的祖先直系系谱。他们联合修谱的一个动因是联合防御，这可从其支祖迁居时的描述得到印证：兴国联禄支派因"畲寇出没无常，不胜惊扰"，迁居兴国；而美荐原居兴国，因"崇山峻岭，盗匪充斥，终非久居之处，乃觅定赣邑五岭地方卜居焉"。为提高对贼寇的震慑力，请时任赣县县长张恺为联修谱作序："宗族恢张宏廓，则凝合益坚。"① 既体现出宗族联修的需要，又显示地方官员对宗族防卫的赞许与支持。

## 第二节　当代客家联宗概况

江西南部简称赣南，其自然区位是赣州市，吉安的遂川、万安与抚州的广昌、乐安的行政所在地，因赣州的行政地理全在江西南部，并占江西南部的绝大部分，因此赣南通常指赣州，赣南客家聚居区现在指向了赣州的 18 个县市。福建西部简称闽西，其自然区位与三明、龙岩两个设区的市级行政地理重合，论及闽西客家聚居区时，通常指向三明市的宁化和龙岩市的长汀、上杭、武平、永定等县市，又因为石壁在客家迁徙过程中的特殊影响，宁化客家聚居区又成了闽西客家聚居区的一个象征性指代。广东东部简称粤东，粤东客家聚居区通常指粤东、粤北，客家经过梅州再迁徙到粤北的河源、韶关等地，因为梅州是闽西客家进入广东的重要通道，所

---

① 钟本峰主修：《赣县钟氏联修族谱》（卷一），《谱序》《源流记》，1947 年。上海图书馆藏。

以谈到广东客家聚居区是以梅州作为粤东、粤北客家聚居区的一个象征性指代。① 客家联宗发起地都是发生在上述客家县市中，其形成的地缘关系是建立在同姓宗族或族支分布的基础上，以发起联宗的县市为中心，联合周边同姓宗族一起联修，从而形成客家联宗的地缘关系。

## 一、当代客家联修谱完成的时序

笔者对赣闽粤客家聚居区的谱牒公藏机构、私人谱牒收藏，上海图书馆和上海师范大学图书馆，美国犹他家谱网的族谱资料进行了粗略统计与判断，完成的联修年份及基本情况如下：

1974 年：《闽粤赣武威廖氏族谱》（主编不详）。

1990 年：张运锡主修石壁桂林《张氏十一修族谱》（宁化），薛坤主修《东河薛氏联修崇本族谱》（安远）。

1992 年：黄纯主编《黄氏族谱》（平远），钟正容编修《钟氏颍川堂二次联修族谱》（于都），张光龙主修《于邑张氏二届联修族谱》（于都）。

1993 年：黄再兴主编《客家黄氏总谱》（粤赣），刘振东主修《刘氏族谱》（兴宁），《沛国郡宁石朱氏联修族谱》（宁都、石城）。

1994 年：李炳坤主编《李氏锭公源流志》（五华），朱昭法主编《赣南朱氏联修》（赣州西部），谢志平主修《安远县谢氏联修族谱》（安远），张恩庭主编《十四修石壁追远堂张氏族谱》（宁化），胡泽聪主编《胡氏族谱联修》（于都），钟择善主修《于南钟氏首次联修族谱》（于都），钟文芳主修《安会雩边界钟氏七次联修族谱》（安远、会昌、于都），尹道廉主修《赣东南尹氏联修族谱》（赣州东南）。

043

---

① 罗香林提到的赣闽粤的纯客住县，有赣南的寻乌、安远、定南、龙南、全南、信丰、南康、大余、崇义、上犹；闽西的为三明的宁化，龙岩的长汀、上杭、武平、永定；粤东粤北的有梅州的梅县、兴宁、五华、平远、蕉岭、大埔、丰顺，河源的和平、连平、紫金、龙川，韶关的翁源、始兴、仁化，清远的英德，江门的赤溪（今台山）。非纯客住县分布更加广泛，尤其是广东。详见《客家研究导论》（2003 年）第 120 – 124 页。

1995 年：孙昌权主编《孙氏族谱》（梅县等），马新汉主编《兴宁马氏族谱》（兴宁），邓德华主编《邓氏族谱》（丰顺），魏日新主编《魏氏联修族谱》（安远），黄光玉主编《黄氏联修族谱重编》（于都），陈杰总编《颖川陈氏钦公太祖位下联修族谱》（宁都、瑞金），《谢氏族谱》（赣州西部），张国珍主修《兴国十邑张氏联修族谱》（兴国等），《张氏联修》（赣闽粤，主编不详），杜荣伟主编《江南杜氏联修族谱》（赣闽粤）。

1996 年：刘添元主编《梅县刘氏族谱》（梅县），邓华东主编《客家邓氏族谱》（五华），李文星主编《安远县李氏联修族谱》（安远），《武城曾氏族谱》（赣州西部）。

1997 年：程建民主编《程氏族谱》（五华），刘绍新、刘坤城主编《兴宁刘氏总谱》（五华），冯宗惠主编《冯氏族谱》（丰顺），张伟主编《张氏族谱》（赣州西部），朱昭元主编《犹康崇朱氏首次联修》（赣州西部）。

1999 年：刘禄源主编《刘氏族谱》（连平、和平）。

2000 年：林成阴主编《平远济南林氏族谱》（平远），蔡运衍主编《蔡氏联修族谱》（上犹）。

2001 年：马绍良主编《马氏族谱》（丰顺）。

2002 年：韩冠珍、韩程德主编《韩氏族谱》（平远），林超俊主编《林氏族谱》（大埔），张恩庭、张桢主编《福建省宁化县四修〈张公君政总谱〉》（宁化）。

2003 年：邓仙贵主编《闽沙邓氏族谱》（闽西），《曹氏族谱：法广公平远支系》（平远），林源华主编《兴宁市林氏族谱》（兴宁），董炎星、董永济主编《董氏族谱》（连城），钟太阳主编《颖川堂安远县钟氏史》（安远）。

2004 年：黄远屏主编《黄氏族谱》（平远），罗传辉主编《上犹罗氏联修族谱》（上犹、南康、大余、崇义），黄尔炽主编《赣南宁都黄峭山后裔与客家文化》（宁都），傅瑞主编《闽西傅氏族谱》（闽西）。

2005 年：邱常松主编《中华邱氏大宗谱江西宁都分谱》（宁都）。

2006 年：刘延兴主编《刘氏总谱》（平远），钟蔚伦主编《颍川堂赣南钟氏联修族谱》（赣州）。

2007 年：张汉伟总编《广东省蕉岭县张氏族谱》（蕉岭）。

2008 年：吴本芳主编《梅县石巷吴氏玉新公族谱》（梅县），邱吉祥主编《中华邱氏大宗谱江西赣州分谱》（章贡），赖观扬主编《客家赖氏联修族谱》（赣闽粤川台港桂）。

2009 年：黄华根总编《黄氏族谱》（蕉岭），《赣南客家温氏文化发展史》编委会编《赣南客家温氏文化发展史》（赣州），胡本晖主编《世界胡氏通谱——江西上犹县分谱》（上犹），钟祖镜主编《赣县钟氏志》（赣县）。

2010 年：曾永源主编《武城曾氏重修族谱》（安远），胡曼丁主编《世界胡氏通谱——江西宁都分谱》（宁都），胡源珍主编《世界胡氏通谱——于都分谱》（于都），陈育烘主编《义门汉川庄江西瑞金白溪宗谱》（瑞金、宁都），熊德三主编《江陵郡熊氏三届联修族谱》（宁都）。

2011 年：廖思明主修《梅县石扇油草岗廖氏族谱》（梅县），张高梧主编《张氏族谱》（大埔），叶团金主编《定南叶氏》（定南），邱隆珍主编《中华邱氏大宗谱江西兴国分谱》（兴国），陈树林主编《鄱阳西庄宁都五桂公族谱》（宁都）。

2012 年：黄纳康主编《五华黄氏族谱》（五华），叶春元主编《世界叶氏于都联修分谱》（于都）。

2013 年：黎咏春主编《黎氏族谱》（兴宁），赖丕贡主编《赖氏族谱》（大埔），谢汇文主编《中华谢氏总谱江西赣南联谱于都分谱》（于都），谢伟豪主编《中华谢氏总谱江西赣南联谱龙南分谱》（龙南）。

2014 年：刘选仁主编《客家刘氏宗谱》（粤东），谢传梅主编《中华谢氏总谱江西赣南联谱大余分谱》（大余），曾芳仁主编《武城曾氏重修族谱》（南康），张广东主编《邓坊张氏考略》（赣闽）。

2015 年：谢有昌主编《中华谢氏总谱江西赣南联谱赣县分谱》（赣县），谢秀光主编《中华谢氏总谱江西赣南联谱信丰分谱》（信丰），谢直云、谢灵贵主编《中华谢氏总谱江西宁都分谱》（宁都），张恩庭主修《张公茂甫族谱》（宁化）。

2016 年：谢汇文主编《中华谢氏总谱江西赣南联谱》（赣州）。

在 1949—1989 年，除了 1974 年编修的廖氏联修外，笔者没有发现其他联修谱。1949—1976 年修谱基本处于停顿与禁毁的状态。自国家档案局、教育部、文化部于 1984 年联合发出关于协助编好《中国家谱综合目录》的通知以来，民间编修族谱的活动才开始活跃起来。当然，上述的联宗谱数量仅仅是笔者在有限的时间中所完成的调查与判断，如果有足够的时间去进行地毯式调查，其数量应该要远高于笔者以上的调查数据。

现在依据上述调查到的联宗谱资料对联修的情况做一个分析。共有廖、黄、张、薛、钟、刘、朱、李、谢、胡、尹、孙、马、邓、魏、邱、陈、杜、曾、程、冯、林、蔡、韩、董、罗、傅、赖、温、叶、黎、熊 32 个姓氏完成了 88 次联宗。从姓氏完成的联宗次数来看，张 11 次，谢 9 次，黄 7 次，刘、钟各 6 次，胡、林各 4 次，邱、邓、曾、朱、陈各 3 次，赖、孙、李、马、廖、叶各 2 次，罗、薛、程、尹、蔡、韩、董、傅、温、杜、冯、魏、黎、熊各 1 次。最早完成的是 1974 年的廖氏联修，其他的均为 1990 年及以后完成。联宗完成在年份分布上，1995 年完成 10 次，为联宗完成最多的年份，其他年份完成的次数不等，而其中 1991、1998 这两年没有发现完成的同姓宗族联宗案例。

## 二、当代客家联修的地理范围

上述资料显示，发起这些联宗的县市区为 24 个，分别是赣州的宁都、安远、于都、瑞金、上犹、南康、赣县、章贡、定南、兴国、大余和信丰，闽西的宁化、沙县和连城，粤东北的平远、和平、兴宁、五华、梅县、丰顺、连平、饶平和蕉岭，在赣闽粤分布中如图 2 - 1 所示。在赣闽粤参与联宗的县市区共 94 个，其他省市参与上述联宗活动的还有湖南、浙江、广西、四川、香港、台湾等省区的县市。

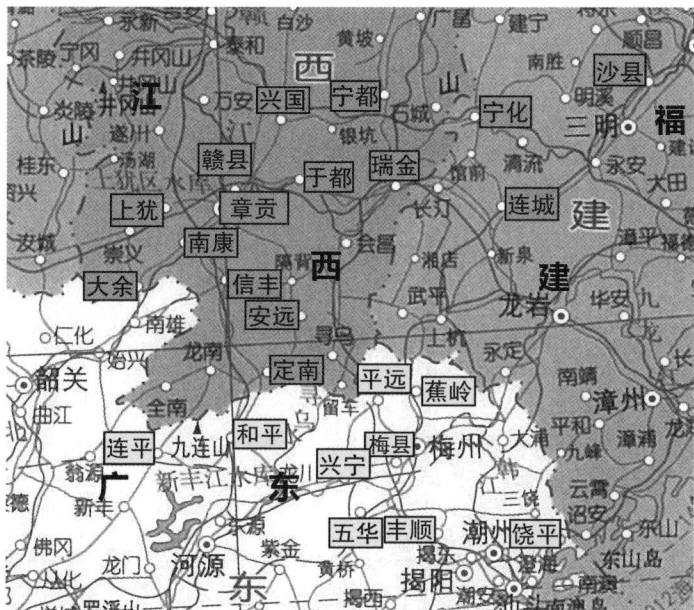

图 2-1　赣闽粤客家聚居区联宗中心县市分布图

注：该图根据《中国地图》（哈尔滨地图出版社，2014 年。比例尺 1：7 080 000）改制，方框中的地名即为参加联修的县市区。

从以县为中心发起联宗次数来看，赣南宁都 12 次，于都 10 次，安远 7 次，上犹 6 次，赣县 3 次，南康 3 次，瑞金 3 次，兴国 2 次，章贡、定南、大余、信丰各 1 次；闽西宁化 3 次，沙县 1 次，连城 2 次；粤东平远 7 次，兴宁 5 次，五华 4 次，梅县、丰顺各 3 次，蕉岭 2 次，和平、连平、饶平各 1 次。其中宁都、于都、安远、平远四县较为频繁。

联宗活动以县为范围的有：上述统计的 88 次联宗活动中，有 58 次在一个县范围内完成。宁都进行了 7 次，于都、平远各 6 次，安远、兴宁各 5 次，五华 4 次，梅县、丰顺、宁化各 3 次，蕉岭、大埔、上犹、赣县各 2

次、章贡、连城、定南、兴国、龙南、大余、南康、信丰各1次。

联宗活动分别发生在赣南、闽西、粤东北以内的跨县范围，以及因人群性背景跨越三个区域的联宗，情况如下：

赣南范围内的联宗：《于邑张氏二届联修族谱》为于都、兴国、瑞金、万安支系合修；《沛国郡宁石朱氏联修族谱》由宁都、石城支系合修；《赣南朱氏联修》由上犹、南康、崇义支系合修；《于南钟氏首次联修族谱》由于都、龙南支系合修；《安会雩边界钟氏七次联修族谱》由安远、会昌、于都支系合修；《赣东南尹氏联修族谱》由宁都、瑞金、广昌、石城、会昌、兴国、赣县、于都支系合修；《颍川陈氏钦公太祖位下联修族谱》由宁都、瑞金合修；《谢氏族谱》由上犹、崇义、南康、章贡合修；《武城曾氏族谱》由大余、崇义、南康、章贡、上犹支系联修；《张氏族谱》由南康、信丰、上犹、大余、赣县支系合修；《犹康崇朱氏首次联修》由上犹、南康、崇义、定南、大余支系合修；《义门汉川庄江西瑞金白溪宗谱》由瑞金、宁都支系合修；《上犹罗氏联修族谱》由上犹、南康、大余、崇义支系合修；《颍川堂赣南钟氏联修族谱》《赣南客家温氏文化发展史》《中华谢氏总谱江西赣南联谱》3个联修案例，赣南18个县市全参与，并且也只有赣南县市参与。

闽西范围内的联宗：《闽沙邓氏族谱》由宁化、清流、沙县支系合修；《闽西傅氏族谱》由上杭、宁化、长汀、连城、武平、新罗支系合修。

粤东北范围内的联宗：《孙氏族谱》由梅县、兴宁支系合修；《程氏族谱》由五华、河源支系合修；《刘氏族谱》由和平、连平支系合修；《客家刘氏族谱》由兴宁、佛冈、丰顺、龙川、梅县、和平、增城、惠东、博罗、英德、深圳、罗定、茂名、紫金、五华、大埔、揭西、普宁、清远、阳春、惠来、平远、新丰、乳源、龙门、云浮、信宜、从化、高要、河源、连平、陆丰、连州、蕉岭、揭东、翁源、连山、陆河、广州共39个县市支系参与联修。

赣闽粤范围内的联宗：《张氏联修》由兴国、于都、永定、上杭、五华支系合修;《江南杜氏联修族谱》由赣南万安、安远、吉水、南康、于都、瑞金、会昌、永丰，闽西建宁、宁化、上杭、厦门，粤东北南雄、乐昌、始兴、普宁、河源、乳源、兴宁、澄海、平远支系合修;《闽粤赣武威廖氏族谱》由粤东紫金、五华、兴宁、宝安、惠阳、大埔、平远、梅县、丰顺、蕉岭、揭阳、潮安、龙川，赣南上犹、南康、遂川、崇义、安远、定南，闽西永定、武平、上杭、闽侯联修。

外界参与赣闽粤范围的联宗:《客家赖氏联修族谱》以赣南154支为主，联合了广东、福建、四川、广西、台湾14个支系联修。《张公君政总谱·续集》以宁化支系为主，联合广东、江西、湖南、浙江支系合修。

在赣南、闽西、粤东各区域范围内，赣南的钟氏、温氏、谢氏联修有18县市参加，赣南钟氏联修县市如图2-2所示;闽西傅氏联修有6个县市参加，如图2-3所示;粤东客家刘氏联修有39个县市参加，如图2-4所示。

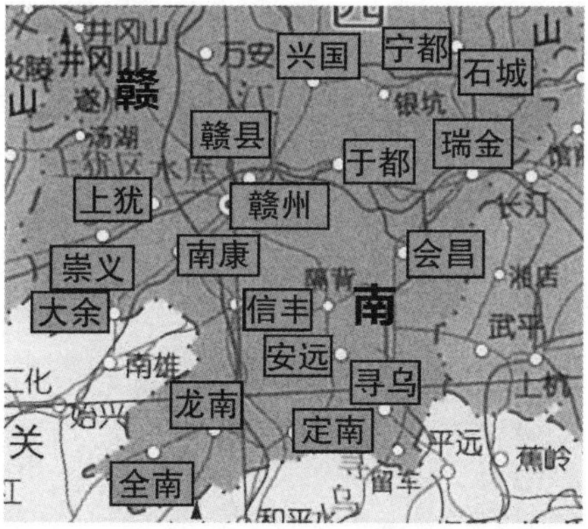

**图2-2　赣南钟氏2006年联修县市分布图**

注：该图根据《中国地图》(哈尔滨地图出版社，2014年。比例尺1:7 080 000)改制，方框中的地名为参加联修的县市，方框中的赣州是指治所所在地章贡区。

**图 2-3　闽西傅氏 2004 年联修县市分布图**

注：该图根据《中国地图》（哈尔滨地图出版社，2014 年。比例尺 1：7 080 000）
改制，方框中的地名为参加联修的县市。

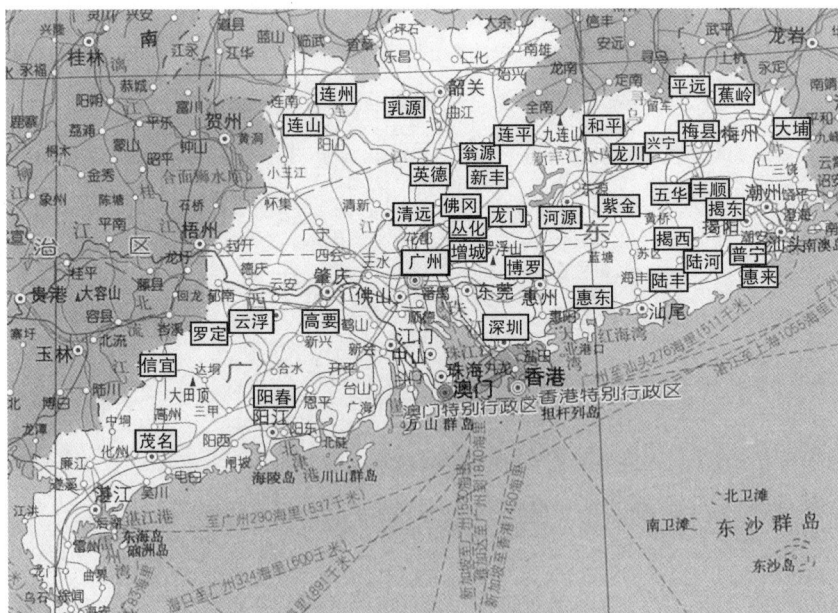

**图 2-4　粤东刘氏 2014 年联修县市分布图**

注：该图根据《中国地图》（哈尔滨地图出版社，2014 年。比例尺 1：7 080 000）
改制，方框中的地名为参加联修的县市。

　　联修范围小至县，中至跨县到赣南，或闽西，或粤东，大至一省范围，或跨越赣闽粤，从图2–2、图2–3、图2–4可以看到联宗的地理范围，这些联修已经有着明显的地缘倾向，其中刘氏联修已经完全超出了编谱者设定的粤东范围，已经是广东刘氏联修，也可以看出其联修地缘是结合了广东省级行政区划进行的，刘氏各宗族的横向系谱关系让位于地缘功能，这种地缘性功能即地缘利益。

# 第三节　同姓宗族联宗类型

　　联宗是一个介于血缘与地缘之间的联盟，无论同姓还是异姓联宗，都会寻找一定的依据建立起同祖的联结。钱杭根据参与联宗的行为主体的性质，将同姓宗族联宗划分为三种类型：第一种是在对宗族世系关系（这里主要指宗族直系世系关系）可以进行某种程度追溯的若干同姓宗族之间的联宗，第二种是在宗族世系关系（无论直系或旁系）不是很明确的若干个同姓宗族之间的联宗，第三种是基本没有世系考虑，所涉及的范围远远超出宗族实际生活圈子之外的全省、全国甚至全球的联宗。[1] 最后一种类型"由于内涵过于宽泛，差不多失去了任何的约束力"，"其功能只是强化族源认同意识，具备一定的文化意义而已"。[2] 因其地理范围几乎不受约束，笔者将这种类型的联宗称为以姓氏为符号的联宗。

## 一、有世系安排的同姓联宗

　　该种类型的联宗世系安排主要体现在各宗族支祖之间的直系上，部分

---

　　① 钱杭：《血缘与地缘之间：中国历史上的联宗与联宗组织》，上海：上海社会科学院出版社，2001年，第20–23页。
　　② 钱杭：《血缘与地缘之间：中国历史上的联宗与联宗组织》，上海：上海社会科学院出版社，2001年，第23页。

联宗会对各支祖进行一个旁系的安排，进行某种程度的追溯。

赣南宁都于 2015 年完成了谢氏联宗，规模涉及江西于都、兴国、石城、永丰，福建建宁、宁化部分宗族，共 34 支。本次联宗分初次联修与二次联修，初次联修首先以主要族居地为中心进行小范围的结族修谱，29 支宗族完成了 8 个小型联修，然后对每一个联修案例给定一个名称，如城南族、城西族、杨依族、朱源族、温坊族、泗龙族、谢村族、衙背族，联修完成情况如表 2-1 所示。

表 2-1　宁都谢氏初次联修情况表

| 族名 | 共祖 | 开基祖 | 族居中心地 | 修谱情况 |
|---|---|---|---|---|
| 温坊族 | 境安 | 昌华 | 建宁客坊 | 1994 年完成了第十修 |
| | | 志略 | 建宁客坊 | 1993 年完成了第九修 |
| | | 吉郎 | 建宁金垅 | 1993 年完成了第九修 |
| | | 应俸 | 建宁井坑 | 1890 年于宁都泗龙祠联修 |
| | | 岳郎 | 永丰双溪 | 不详 |
| 泗龙族 | 华发 | 全下、明下、胜下 | 宁都县城泗龙 | 1993 年完成第六修 |
| | | 定先 | 建宁上屋中谢 | 1994 年完成第十二修 |
| | | 德一 | 宁都小布 | 不详 |
| | | 福茂 | 建宁客坊 | 1993 年完成第六修 |
| | | 子际 | 宁都青塘 | 1993 年完成修谱 |
| 谢村族 | 习一 | 周贤 | 宁都青塘 | 1994 年完成第五修 |
| | | 得巢 | 宁都大沽 | 1994 年完成第十一修 |
| | | 世貌 | 宁都青塘 | 1874 年完成第五修 |
| 衙背族 | 玉成 | 惟善 | 宁都梅江 | 1916 年完成第六修 |
| | | 文谅 | 兴国檀境 | 1996 年完成首次联修 |
| 城南族 | 汉儒 | 先一郎 | 宁都黄陂、于都贡江 | 1994 年完成第十一修 |
| | | 闻拔、闻祥 | 宁都梅江、竹笮 | 1994 年完成第十一修 |

（续上表）

| 族名 | 共祖 | 开基祖 | 族居中心地 | 修谱情况 |
|---|---|---|---|---|
| 杨依族 | 汉常 | 文富 | 宁都青塘、蔡江 | 1994 年归宁都参加第十一修 |
| | | 庆湘、景郎 | 宁都赖村、湛田 | 1994 年归宁都参加第十一修 |
| | | 少三郎、良显、良毓 | 宁都青塘、黄陂、会同 | 1994 年归宁都参加第十一修 |
| | | 仕庆 | 宁都竹笮、梅江 | 1994 年归宁都参加第十一修 |
| | | 仕仁、仕英、仕聪、仕进 | 宁都钓峰、黄陂 | 1994 年完成第十一修 |
| 朱源族 | 晋卿 | 时坚、十六郎、仕云 | 宁都黄陂、石上、小布 | 1994 年完成第十一修 |
| | | 二郎 | 宁都梅江 | 1949 年在城西完成第五修 |
| | | 明昇 | 宁都洛口 | 1994 年归宁都参与第十一修 |
| | | 龄公 | 宁都黄陂、洛口 | 1991 年在石城县参加联修 |
| 城西族 | 四十七郎 | 均宝 | 宁都固村、黄石、田头 | 1995 年在城西完成第六修 |
| | | 惟谌 | 石城坪山、宁都固厚 | 1995 年在固村参加第十一修 |
| | | 志先 | 瑞金瑞林 | 不详 |

注：本表据《宁都谢氏通修前结族修谱情况一览表》与《宁都谢氏居住地·参修人数一览表》的内容整理而成。详见 2014 年《中华谢氏总谱江西宁都分谱》第 396－411 页。

　　另有 5 支宗族直接参与了他们的二次联修，为了二次联修的方便也给这 5 支宗族定了"族名"，如谢坊族、城东族、流坊族、河佳湾族、来坑族，在此对其做一简介。

　　谢坊族的开基祖为辉成，族裔主要聚居在宁都洛口、广昌，1993 年完成了九修族谱，又追溯了启元为远祖；城东族的开基祖为千益，族人居住

在宁都梅江，膺甫、华甫在民国元年（1912）修谱时分修，至 1995 年时合修，追溯受一为远祖；流坊族的开基祖为德新，族裔主要居住在宁都梅江、石上、安福，1994 年在宁都黄陂进行了第十一修，追溯启元为远祖；河佳湾族的开基祖为原二郎，族裔主要居住在兴国兴江，1994 年在宁都黄陂完成第十修，追溯仲波为远祖；来坑族的开基祖为上发，族裔居住在福建宁化石壁南田，1993 年在石壁完成第十一修，追溯必常为远祖。[①]

以上为二次联修前的情况，二次联修由宁都谢氏联谊会完成，参照中华谢氏总会提供的祖先世系图，以西周得姓祖申伯为第一世，以两晋之交的三十七世衷公为宁都二次联修的共祖，给各族新追溯的祖先以适当的世代位置，然后完成直系追溯，这样就完成了二次联修，如图 2-5 所示。

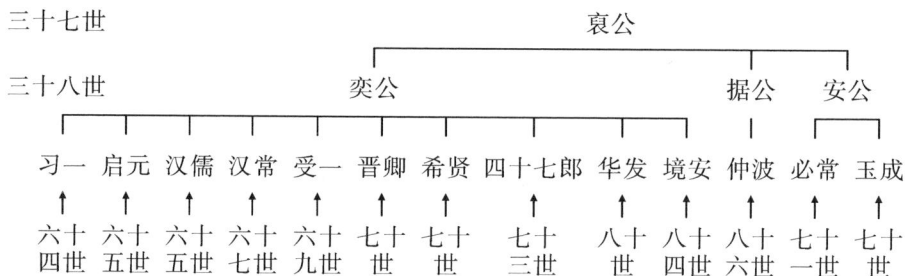

| 三十七世 | | | | | 衷公 | | | | | | | |
|---|---|---|---|---|---|---|---|---|---|---|---|---|
| 三十八世 | | | 奕公 | | | | | | | 据公 | | 安公 |
| 习一 | 启元 | 汉儒 | 汉常 | 受一 | 晋卿 | 希贤 | 四十七郎 | 华发 | 境安 | 仲波 | 必常 | 玉成 |
| ↑ | ↑ | ↑ | ↑ | ↑ | ↑ | ↑ | ↑ | ↑ | ↑ | ↑ | ↑ | ↑ |
| 六十四世 | 六十五世 | 六十五世 | 六十七世 | 六十九世 | 七十世 | 七十世 | 七十三世 | 八十世 | 八十四世 | 八十六世 | 七十一世 | 七十世 |

图 2-5　宁都谢氏二次联修世系简图

从开基祖进行的初次联修，以地缘相邻的乡镇为原则；在进行二次联修中，远祖关系与各尊奉的祖先世代相差 30 代左右，血缘关系变得很淡，地缘关系虽逐渐扩大，但大体还在一县范围内。

又如广东和平县刘氏 12 个支派在 1993 年进行联修，尊和平县明代迁入的刘佛保为始祖。因编修者提供了大量联修的文献依据，对支祖之间的直旁系做了一定的安排，灏为三世，允植为五世，仲奇、仲相为六世，文

---

① 谢直云、谢灵贵主编：《中华谢氏总谱江西宁都分谱》，2014 年，第 346-367 页。赣州品新印刷厂藏。

华、文芳为九世，振元、习元、锡元为十世，智为十一世，桂茇为十二世，焕信为十四世。[①] 从佛保到焕信构成的系谱中，可以窥见支祖世系关系的一斑，如表2-2所示。

表2-2　和平县刘氏联修支祖世系关系表

| 一世 | 二世 | 三世 | 四世 | 五世 | 六世 | 七世 |
|---|---|---|---|---|---|---|
| 佛保→ | 通<br>达<br>逊→ | 灏—支祖<br>项<br>显<br>顶→ | 怀敬→ | 允植—支祖<br>允结<br>允序→ | 仲美→<br>仲奇—支祖<br>仲相—支祖<br>仲明 | 瑜→ |

| 八世 | 九世 | 十世 | 十一世 | 十二世 | 十三世 | 十四世 |
|---|---|---|---|---|---|---|
| 相环→ | 文英→<br>文尉<br>文茂<br>文华—支祖<br>文美<br>文芳—支祖 | 晋元→<br>振元—支祖<br>习元—支祖<br>锡元—支祖 | 旭→<br>智—支祖 | 桂茂<br>桂茂→<br>桂茇—支祖 | 玄中→ | 焕信—支祖<br>焕偲<br>焕伸 |

注：据和平县刘振东主编《刘氏族谱》（1993年）第99-100页的世系关系整理而成。表中箭头代表世系线。

　　虽然支祖间有直旁系的安排，但是他们在联修之前都各自修了支谱，联修按各支谱上支祖以下的世系关系单独叙述，没有世系间的旁系关系。他们之间不是一个日常祭祀单位（但会有专门安排的共同祭祖）。

　　又如闽赣张氏联修，石城4支、宁都1支、宁化1支认十七世文回为祖，宁化4支、石城4支认十七世文贵为祖，石城2支、宁化3支认十七

[①]　刘振东主编：《刘氏族谱》，1993年，第99-100页。上海师范大学图书馆藏。

世文达为祖。旧谱将文回与文贵记载为再从兄弟，两兄弟支派在修谱的历史上时合时分，本次又发起联修时文贵的亲兄弟文达支派要求加入，并尊十四世满十郎为共祖，世系关系如图 2-6 所示。

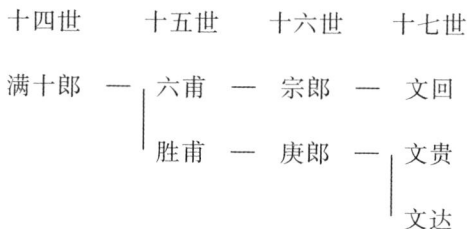

| 十四世 | 十五世 | 十六世 | 十七世 |
|--------|--------|--------|--------|
| 满十郎 | 六甫 | 宗郎 | 文回 |
|  | 胜甫 | 庚郎 | 文贵 |
|  |  |  | 文达 |

图 2-6　各支共祖的世系关系图

如此一来，供奉在祠堂中的祖先包括文回、文贵、文达以下的已经达到了 402 位。他们还在世系上追溯唐代大顺年间江苏的惟立为第一世，唐代的惟立与他们之间已经相差甚远。[①] 据笔者考察，满十郎、六甫、胜甫、文回与文贵各有宗祠，就是参修的 19 个支派也各住一方，并设立了自己的香火堂。他们各自的财产关系、祭祀关系、继承关系没有因联修发生变化，只是在清明节令时各支派轮流到祠堂中主持祭祖。在老族谱上还能够追溯到一定程度的世系关系。

上述联宗情况显示，他们有一定的血缘基础，并且对世系关系不太清楚的各支进行了血缘关系彻底的拟制，是介于血缘与地缘之间的联盟。

## 二、世系不明确的同姓联宗

这种类型的联修虽认同某人为祖先，但他们联修之间的世系关系不明确。如赣南宁都邓氏宗族，以北宋初年进入宁都的肆舆公为一世祖，明代初年在城南建立宗祠，明万历二十四年（1596）五世祖元、亨、利、贞四

---

① 张广东主编：《邓坊张氏考略》，2010 年，第 20-32 页。石城张广东藏。

房裔孙创修族谱，传至第八修时为第二十八世。至第八修时（1995），四房裔孙已经有4 317人修谱，宁都县城的永康支派要求加入联修，得到了他们的认可："一九九五年四月二十一日，……接纳南城洪门商房永康祖裔孙参与同修，受到利房孙叔热烈欢迎，盛宴款待。此举实为本届联修之良好开端，此情此意永系于心。特录参加此次会议之芳名于谱端，以示纪念。"① 联修的依据是"同是曼公后裔，故同意搭修"，永康支派于民国十年（1921）从临川南城硝石石下村迁来宁都谋生并定居，参与本次联修的共五代世系。② 邓曼公为商朝邓氏得姓始祖，在直系上与邓曼公也只是同姓而已。他们之间的世系拟制也省略掉了。

类似的联修还有宁都长胜镇章坑傅氏支派，于民国二十七年（1938）从临川迁徙至宁都城南，1992年参加闽赣8房联修，尊宋末三世少一郎为共祖，8房联修在系谱上完全拟制了血缘关系。章坑傅氏支派，因没有文献依据，将其系谱单列一处。③ 章坑参与联修形成的仅是同姓同地缘而已。

又如上犹张氏2万余人，共57支联修。其中56支张氏裔孙都是从清代顺治到康熙年间从粤东梅州迁入，尊南宋时上杭的张化孙（1175—1267）为祖，他们之间有共同的移民经历且同姓，还来自同一个地方，容易找到文献依据支持血缘关系的拟制。另有1支为城南支派，该支派一世祖彦功于宋景炎二年（1277）跟随文天祥抗元来到吉水长滩头，六世志广迁徙至赣州水木洞，于元至正十三年（1353）又携带家人迁至上犹城南，明成化十三年（1477）初修族谱，尊彦功为始祖，四世子昌为上犹城南开基祖。因城南一世祖彦功与他们尊的化孙同为南宋末期之人，是兄弟辈分，故决定往前追溯7世，共尊唐朝张九龄为祖。城南支派参与联修时，

① 邓书汉主修：《邓氏八修族谱》（卷一），《良好的开端》，1995年。上海图书馆藏。
② 邓书汉主修：《邓氏八修族谱》（卷十八），《邓氏商房近代传略》，1995年。上海图书馆藏。
③ 傅三荣主修：《傅氏十修族谱》（卷一），《前言》，1992年。宁都傅洋生藏。

没有编造九龄至彦功之间的 18 代世系，在联修谱上显示"待查"二字。①
56 支之间的血缘关系拟制得彻底，但与城南支派之间没有任何的世系拟
制，只是名义上的共祖关系。按城南支派联修负责人张书镛的解释，"城
南支派之所以参加联修，就在于虽然历史长远，但是人口只有 3 500 余人，
一起修谱更好"。这个"更好"，可理解为是对强宗的依附。

　　上述三个联宗例子，两个是民国移民形成的宗族参与南宋移民形成的
宗族联修，一个是南宋移民形成的宗族参与清初移民形成的宗族联修，参
与联修的宗族都是人口较少的宗族或支派，是弱宗对强宗的依附，也可称
为依附型联修。这种依附型联修要达到的目标就是提高弱宗的社会地位，
最后形成同姓地缘联盟。

## 三、以姓氏为纽带的同姓联宗

　　以姓氏为纽带的联修，其跨度范围广泛，全省的如江西的张氏联修、
陈氏联修，全国的如孙氏联修、罗氏联修，全球的如郭氏联修、胡氏联
修。这种联修因跨度范围广，以得姓始祖作为统宗的祖先较为常见。各地
族谱上的得姓祖先与开基祖在直系上相距遥远，修谱时多以认同为准，对
旁系流传迁移又没有或无法考证，多以"不详"作注，以致现在联修时的
直、旁系关系错乱复杂。因此，以姓氏作纽带的联修不用说具体的功利目
标无法建立，就连拟制一个统一的系谱关系也会困难重重。以下举例
说明。

　　孙膑故乡鄄城于 2004 年发起全国孙氏联修，尊山东青州的得姓始祖孙
书为统宗祖，规模涉及河南、河北、山东、浙江、江西、云南、辽宁、广
东、上海、内蒙古、四川、陕西、山西、江苏和广西 15 个省市自治区，共
有 228 个支系参与同修。范围如此之广的修谱，最大难题就是世系关系的

---

① 上犹张氏文化研究理事会编：《上犹张氏文化简编》，内部资料，2008 年，第 7 - 15、
81 - 82 页。

处理，编谱者也意识到了这点："如何凝聚孙氏家族，统一世系，是修《中华孙氏通谱》的一个主要环节，可如何统一世系？可在统一世系当中各地世代落差太大。"为解决这些问题，他们聘请了部分学者参与其中，但学者们又以学术思维介入族谱联修，结果适得其反。编修者在总结经验时指出："对有些专家学者的东西不能太看重，他们只不过从字眼上做文章，如果他们说的是有根据的，国家研究历史的早就拍板了，也不会叫他们打嘴仗了。"此次的经验说明，学者们越是追求所谓的系谱关系的真实性，越是无法完成联修。在对世系的求真上没有进展时，编修者对直系、旁系采取"认同"："我们孙氏家族走自己的路，以自己的家谱为依据，多联系下边的族民，只要他们认可就行，不能闭门造车。"即使采用认同，还是没能完成联修："我孙氏族谱年代久远，因各方面原因难以考证，要想修一部完整无缺的谱已无可能。"

上述编修的过程，反映出编修者一开始对族谱中的材料是信以为真的，发现了自己无法解决的问题时请专家帮忙，后来发现越是认真考证，越是无法完成世谱的连接。当考证不清时，便对世系关系采取"认同"的方法，这个修谱的方法虽然用对了，但这只是编修者的一厢情愿，因为"认同"需要参与联修支派的同意，同意与否涉及谁愿意为小辈的问题。多种原因混在一起，导致最后没能完成统一的世系拟制。①

又如罗氏的22个省市自治区、港澳地区、海外国家裔孙的联修，因人口分布不均，对世系录入采用了人口多的省份筛选典型（望族）、人口少的省份尽量编入的方法，以便保持一个大体上对称的文本框架。② 因此，也谈不上有完整、统一的拟制世系出现。

因此，对于时空范围跨度过大的联修，要处理好统一的世系关系几乎是无法完成的事情，并且这种同姓联宗已经脱离了地方社会，无法建立具

---

① 孙其海主编：《中华孙氏通谱》，2011年，第737—745、765—766页。上海师范大学图书馆藏。

② 罗训森主编：《中华罗氏通谱》，2007年。美国犹他州家谱图书馆藏。

体的功利目标，"基本没有世系考虑，所涉及的范围，远远超出宗族实际生活圈子之外的进行全省、全国甚至全球的联宗。……具备一定的文化意义。"①

# 小　结

　　从赣闽粤客家聚居区的联宗发展史来看，明代为联宗萌发阶段，清代至民国为成熟阶段。清代的联宗动因与地方社会发展的需求、地方社会安全环境、地方宗族之间利益的竞争等有着密切关联。广州的书院与合族祠合二为一，闽西为公益事业建设而进行大型联修，赣南为防范匪寇进行合修。这些有利于同姓宗族发展或有利于地方社会发展的联宗活动，社会或官方会对此采取默许或支持的态度。另外，联宗活动也会使各宗族活动力量得到增强，如闽西为争夺地方资源而出现的联修，江西利用联宗祠进行争讼活动，这些联修的利益争夺给社会治理带来挑战，给地方政府造成压力，因此出现了清代江西辅德大臣奏请禁毁祠宇的事件。

　　在当代的联修中，社会环境已然发生变化，出于对同宗、同源、同姓的文化消费需求，其联修目标的功利性趋于淡化，即功利性显著的联修目标转为宗教祭祀、姓氏文化消费的联修目标。按照参与联修的主体行为看，可分为三个基本类型，在直系世系上有若干可追溯的同姓联宗、世系不明确的同姓联宗、毫无血缘关系的同姓联宗。前两种是建立在同一地域的地缘联盟，最后一种建立的已经完全是姓氏文化意义的同姓网络。

---

① 钱杭：《血缘与地缘之间：中国历史上的联宗与联宗组织》，上海：上海社会科学院出版社，2001年，第23页。

# 第三章  客家联宗过程

联宗过程是对各宗族关系的一个整合过程，祖先祭祀、世系拟制、行辈字号拟定是常见的整合方式，在整合过程中认可同祖是联修的最低要求。联宗祭祖也是对祖先追认的一种简要方式，是一个程序可繁可简、费用可高可低、拜祭人数可多可少、祭祖时间可灵活安排的一种整合活动。祭祖场所灵活多变，可在祠堂中、祖坟前甚至是祖先神位前进行。行辈字号安排通常也是在联修时可观察的一种行为，行辈字号发挥整合世代（如某些共同世系段的祖先或未来的子孙世代）的作用，但如何整合，这要视具体的联宗案例进行分析。世系拟制是通过联宗谱的文本或联宗祠堂的世系图，努力将支祖与共祖之间的世系关系进行清晰化表述。

## 第一节  祭祖与联宗整合

孔永松将客家祭祖分为家祭、墓祭、祠祭和杂祭。家祭，"客家民居土楼的正厅（堂），都奉祀高、曾、祖、考四代近亲的祖先牌位，对祖先进行家祭。家祭一般在年节或某公的忌日举行。家祭的举行，体现家庭的血缘关系，具有浓厚的感情因素"。墓祭，"就是到祖先的坟茔上祭祀，与家祭不同。家祭可以比较频繁地举行，墓祭则相对固定，一般分为春、秋两祭，或只有春祭一次。……墓祭的对象分近祖与远祖两方面。高、曾、祖、考四代为近祖，对近祖的墓祭与家祭相类。……大张旗鼓的远祖墓

祭，使血缘关系的联系更加密切，达到敬宗收族的目的"。祠祭，"祠祭通常是比较有规律的春秋二祭。……祠祭不仅是同一地域内聚居的同宗族人参加祭拜，还有跨地域的宗祠大联祭"，"从四面八方赶来祭祖的族人，平素血缘关系已经相当淡薄了，可是宗祠却犹如一块磁石，把他们吸住一起，通过共同的祭祖活动，使彼此的宗亲关系得到维持"。杂祭，孔永松没有给出明确的解释，从其文中可看到他对杂祭的理解。"宗祠祖厝变神庙，神庙内供奉祖先牌位，成为客家人民间信仰的一种拜奉方式。"[1] 陈支平的福建祭祖分类与孔永松的客家祭祖分类是一样的，但对杂祭的表述为："家族的祭祀祖先除了这三种比较规范化的活动外，还有许多不规则、非定时的祭奉荐享等，……如添丁、中举、婚嫁、架屋等。"[2]

以上分别从地点、时间、对象上对四种祭祀进行了界定。家祭、杂祭的祭祀对象是五服之内的家庭关系，属于具有确实的血缘关系，并不属于联宗祭祀。在界定祭祀的对象时，墓祭、祠祭都有五服之外的祭祀，远祖祭祀与跨地域大联祭，他们的血缘关系尽管"相当淡薄"，但他们的血缘关系是否源于一祖还可以进一步讨论。具有相当淡薄的血缘关系，据孔永松语意，已经出了高祖以上的五服范围，五服之外已经没有了共同的祭祀关系、财产关系和继承关系，已经另立一族或另尊一宗，另尊一宗即是拥有自己的宗族祭祀，但"对宗族世系关系可以进行某种程度追溯的若干同姓之间的联宗。"[3] 还有另一种情况，"从四面八方赶来祭祖的人"彼此只是同姓而已，而他们之间相互确实的血缘关系已经无从考证，属于"宗族世系关系不很明确的若干个同姓宗族之间的联宗。"[4] 参与祭祀代表的仅是

---

① 孔永松、李小平：《客家宗族社会》，福州：福建教育出版社，1997 年，第 65 - 74 页。
② 陈支平：《近 500 年来福建的家族社会与文化》，上海：生活·读书·新知三联书店上海分店，1991 年，第 178 页。
③ 钱杭：《血缘与地缘之间：中国历史上的联宗与联宗组织》，上海：上海社会科学院出版社，2001 年，第 20 页。
④ 钱杭：《血缘与地缘之间：中国历史上的联宗与联宗组织》，上海：上海社会科学院出版社，2001 年，第 20 页。

对这位远祖的认同而已。因此，按照客家的四种祭祖划分，只有墓祭、祠祭包含了联宗祭祀，也即客家联宗祭祖体现于墓祭、祠祭。

因为具有一定的血缘关系，故而可以进行适当世代追溯的联宗祭祀在孔永松等人的研究中有所体现，本节将对参与全国姓氏祭祀与南康姓氏宗祠祭祀的联宗祭祀做一个展示。

## 一、同姓联宗祭祖

对于得姓始祖祭祀的地点大致可分两种：一种在始祖得姓之地举行，全国甚至世界范围内的同姓之人都可参与；另一种是在非得姓之地举行，规模通常局限于一个地域之内。

1. 得姓之地的始祖祭祀

其内容多表现为对姓氏历史文化的宣扬、对传统价值观的强调等："越到近现代，同姓联宗的文化意义越浓厚，而具体的功利动机则趋于淡化；同姓人们之间出于历史消费兴趣和自娱自乐的联合，已成为近现代联宗所希望达到的主要目标。"[1] 赣南上犹客家张氏于2013年参与的中华张氏祭祖就属于这种，其情况如下：

5月28日，来自加拿大、马来西亚、新加坡、印度尼西亚等七个国家，港澳台地区以及全国23个省份的126个代表团、38个张氏宗亲组织，共计2 900余名张氏宗亲再次齐聚魂牵梦萦的清河华夏张氏祖庭，隆重举行癸巳年中华张氏祭祖节暨华夏张氏祭祖大典，拜谒天下张姓共同的祖先挥公。

当日上午，在隆隆的战鼓声中，一名宗亲手托神弓，四名宗亲护卫其后，将象征着"弓矢渔猎拓土开疆、华夏安富黎民颂扬"的神弓请上祭

---

① 钱杭：《血缘与地缘之间：中国历史上的联宗与联宗组织》，上海：上海社会科学院出版社，2001年，第25页。

坛。清河张氏宗亲联谊会会长张银豪三开神弓，祈佑风调雨顺、国泰民安、张氏兴旺。由 36 名少年表演的《长弓舞》，通过横空出世、天下一统、再创辉煌三个部分，颂扬了挥公发明弓矢、造福后人的旷世功勋，气势恢宏，撼人心魄，将祭祖大典推向高潮。

慎终怀远，始祖德泽千古；继往开来，子孙贤明百代。由 200 名男女青年组成的合唱队在大殿前的台阶上整齐列队，齐声高唱《挥公颂》，颂歌声声，表达着对张姓始祖挥公的无限景仰与赞颂，启迪后代子孙不忘祖宗的恩德和教诲。在庄严恢宏的歌声中，祭祖大典圆满结束。

世界张氏总会会长张贵芳表示，在众多的族群团体中，河北清河是具有四千年历史的张氏家族发源地，其历经 160 余代传承而无间断，这不能不说是一个奇迹。张姓家族自始祖挥公起已有数千年历史，历代祖先为我们留下许多遗训，这是我们张姓子孙宝贵的精神财富。这些遗训的精髓如礼、义、廉、耻、孝、悌、忠、信等，都是源自儒学文化。我们来清河寻根溯源，始祖挥公是我们姓氏的根，而浩瀚的中华传统文化则是我们的文化之根、心灵之根。他呼吁更多宗亲以光大传统为己任，共同从祖先文化的源头活水中吸取智能和力量，去推动人类文明的进步和发展。据史料记载，张姓始祖挥是轩辕黄帝第五子，发明弓箭，助轩辕黄帝弓定天下。因挥居功至伟，被赐姓张氏，官封弓正，国于青阳，即现在的河北省清河县。如今全球张姓人口已逾亿，其中旅居国外的已达两千万之多。据了解，我国古代时的祭孔仪式分为"秋祭"和"春祭"。遵循这种古代礼制，世界张氏总会把每年的 4 月、5 月设立为"中华张氏祭祖月"，每年的 5 月 28 日为"中华张氏祭祖节"，两项活动地点均定在河北清河。①

上述的《长弓舞》《挥公颂》等已经成了一套固定的表演模式，将姓

---

① 张会武、裴海潮：《癸巳年中华张氏祭祖大典清河隆重举行》，燕赵都市网，http：//yanzhao. yzdsb. com. cn/system/2013/05/29/012799313. shtml，2013 年 5 月 29 日。

氏文化呈现为一种娱乐消费。又如 2010 年 11 月 28 日，在河南周口市淮阳县陈胡公陵园举行的世界胡氏宗亲祭祀活动，赣南客家胡氏组团参加。[1]又如作为广东海丰客家人的邱家儒，在河南洛阳偃师组织筹建中华邱氏总祠，并于 2014 年 9 月 19 日组织近 500 万名邱氏宗亲在总祠前进行了声势浩大的祭祖活动。[2]此种客家参与的全国姓氏祭祖活动不胜枚举，都在表现、宣扬他们的祖先文化。

2. 南康和谐城姓氏祠堂祭祀

在非得姓之地举行的得姓始祖祭祀，可以通过赣南的姓氏联宗祠来说明。2011 年在南康市郊区南山脚下集中建成的百家姓和谐城，设计为 108个姓氏宗祠（如图 3 - 1 所示），之所以称之为姓氏宗祠，是因为它以姓氏文化为主题，并采取"政府主导，统一建设；民间筹资，分姓认购；独立装饰，彰显特色"的模式兴建，其中的"分姓认购"体现的是将本无世系关系的族人因同姓而筹资购买，其宗祠便成了同姓联宗祠，联宗祠内奉祀的便是得姓始祖，南康"百家姓和谐城"成了姓氏联宗祠的集结地。每年正月初一，就成了南康在联宗祠点香祭祖的日子。[3]

图 3 - 1　南康百家姓和谐城宗祠

---

① 参见中华陈氏网，http：//www.zhcsw.cn/show.asp？id=248。

② 据笔者于 2015 年 8 月 1 日对宁都胡永辉、邱常松的电话访谈资料整理。

③ 南康市于 2013 年 10 月撤市改区，至 2015 年 11 月 102 个姓氏宗祠全部认购完毕，其中 3个为南山书院姓氏文化研究会，3 个为旅游商品销售点。

南康百家姓和谐城宗祠至 2015 年 11 月，已经被南康 102 个姓氏认购，其认购的宗祠位置如表 3-1 所示。

表 3-1　和谐城姓氏宗祠位置表

| 姓氏宗祠位置分布 | | | | | | | 人文始祖殿 | | 姓氏宗祠位置分布 | | | | | | |
|---|---|---|---|---|---|---|---|---|---|---|---|---|---|---|---|
| 上 | 01 苏 | 02 戴 | 03 杜 | 上A 殷 | 05 古 | 06 许 | 乾坤殿 | | 19 邝 | 20 段 | 21 卜 | 22 扶 | 23 周 | 24 申 | 上 |
| | 07 包 | 08 薛 | 09 尹 | 10 高 | 11 邓 | 12 饶 | | | 25 阳 | 26 明 | 27 郑 | 28 董 | 29 卓 | 30 伍 | |
| | 13 龙 | 14 洪 | 15 仲 | 16 廉 | 17 潘 | 18 范 | | | 31 傅 | 32 吕 | 33 汤 | 34 冯 | 35 睦 | 36 欧 | |
| 中 | 01 聂 | 02 石 | 03 姚 | 中A 汪 | 05 舒 | 06 唐 | 始祖殿 | | 19 袁 | 20 邹 | 21 罗 | 22 蒙 | 23 曹 | 24 赵 | 中 |
| | 07 骆 | 08 施 | 09 熊 | 10 宋 | 11 郭 | 12 易 | | | 25 蒋 | 26 严 | 27 谢 | 28 邬 | 29 方 | 30 余 | |
| | 13 丁 | 14 马 | 15 练 | 16 巫 | 17 俞 | 18 叶 | | | 31 奚 | 32 涂 | 33 徐 | 34 程 | 35 魏 | 36 游 | |
| 前 | 01 谭 | 02 龚 | 03 梁 | 前A 幸 | 05 林 | 06 江 | 书院 | 熙和殿 | 商店 | 22 吴 | 23 刘 | 24 胡 | 25 曾 | 26 黄 | 27 陈 | 前 |
| | 07 温 | 08 赖 | 09 杨 | 10 蔡 | 11 何 | 12 邱 | | | | 28 廖 | 29 李 | 30 卢 | 31 张 | 32 朱 | 33 蓝 | |
| | 13 钟 | 14 王 | 15 萧 | | | | | | | 34 彭 | 35 黎 | 36 吉 | | | | |

注：笔者据 2016 年农历正月调查资料整理而成。表中数字代表宗祠位置序号，姓代表该姓宗祠所在位置。

现举蔡氏联宗祠（如图 3-2 所示）的姓氏文化与祭祖予以说明。蔡氏联宗祠由南康 8 支蔡氏宗亲与邻县的宗亲捐款购买并装修，其联宗祠的用途是："蔡氏宗祠的建成，为各地宗亲尊祖敬宗、敦亲睦族增加了一个良好的地方，也为南康乃至赣南蔡氏宗亲议事联谊、共谋繁荣发展搭建了一个新平台。"这道出了该宗祠具有同姓联宗祠的特征之一。蔡氏宗祠为前栋第 10 号，祠堂内正前方奉祀蔡姓始祖叔度公，像高 1.68 米，底座长0.9 米，宽 0.85 米，因其西周时受封于河南上蔡，因此在河南定制并运送到此处。叔度公像的背景是仙鹤苍松，崇山峻岭，红日薄云，象征蔡氏枝繁叶茂、兴旺发达。天井中间摆放香炉，一侧有"天人合一，天下蔡氏，一脉相通，同祖同根"的文字解读。两侧墙体有历史人物蔡伦、蔡文姬的构图及文字说明，是蔡氏族人的骄傲与榜样。地面铺设 99 块黄色花岗岩，意为"天长地久，九九归一"，寄予了对蔡氏世代不仅要绵延不绝，同时又要回归祖源的认同。蔡氏祠堂大门有门额"蔡氏宗祠"，上联"基启上蔡千载盛"，下联"派衍济阳万代兴"。①

067

图 3－2　南康和谐城蔡氏联宗祠②

联宗祠中蔡氏文化布置显示出对北方祖先文化的景仰，同时表达出南

① 笔者于 2014 年 8 月对南康百家姓和谐城的调查。
② 该图片为笔者于 2014 年 7 月 6 日拍摄。

康蔡氏来自中原的历史观。祭祀开放的时间为每年的正月初一至十五，其余时间为农历初一和十五。蔡氏祭祖分四步：第一步上香、献三牲（鸣炮、奏乐）；第二步读祭文（鸣炮、奏乐）；第三步敬拜叔度公像（鸣炮、奏乐）；第四步轮流祭祀，三人一组，从左侧入，点香烛祭拜，右侧出。礼毕。①

## 二、敬祖祀神与联宗整合

客家人的这些祖先崇拜，在南迁路上即已展现："考客人向南迁徙，每负祖骸俱行，当其初达比较安适地方的时候，感怀世运，祈福心长，相度宇基实至切要；而先人骸骨又不能久暴不藏，以是而专门为人们相地吉凶祸福的堪舆先生便应运诞生，久而久之，遂成一种别特风气……以为凡人的成功失败均定于他的相格命运；而相命好坏又与屋场祖坟的风水有关，家里有好的屋场或坟茔，则虽如何困顿亦会有发迹一天；没好的风水，则子孙相固不佳，命亦决不会好。"②

这种祖先崇拜发展到了今天，已经趋向神化。如粤东邓氏对肇基祖的祭祀，祖先已经演化成了神灵。从其一篇祭祖文中可以看到邓氏如何描述其祖先与神灵的合一：

> 伏以祖德无疆，世衍公侯门第
>
> 　　　　宗功垂训，名扬将相家声
>
> 　恭维我祖：系出福建宁化石壁乡，南宋登进士，一路载春光；官任广东提举、布政使，功业彪青史，政绩传四方。任满赍表进京都，海盗劫船文牒丧；部议提参更姓游，明哲保身到程乡；目睹松口山水秀，星辰照耀宰辅藏。速回宁化忙迁徙，举家

---

① 笔者于 2015 年 2 月 19 日（农历大年初一）的调查。
② 罗香林：《客家研究导论》，兴宁：广东省兴宁市永恒彩印厂，2003 年，第 217 页。

同移琵琶庄；始复邓姓生九子，教儿四散辟梓桑。吾祖晚年勤执教，满园桃李果飘香，以文会友才八斗，四方尊公会文长（疑"章"）；寻妻觅子遇异人，私授秘术治顽伤（疑"劣"）；我祖德高众旌表，邓太伯公庇邻乡。暮年念子居四处，一首律诗指四方；彬彬支派称芳桂，代代裔孙载荣光，我公享寿九十九，坐谈归仙福景仰。……定期二五轮房拜，来年家谱作猪羊，祖德文才传后世，文坛武将业辉煌。享尚！

邓道坤、邓华东拟稿①

本祭文在两个方面对邓氏祖先进行了精心设计：一方面建构了一个先儒后道，最终演变为儒道合一的始祖形象，既能激励子孙奋发读书，又以神异之事促使裔孙祭拜；另一方面两次出现宁化，意在强化他们的客家身份。因此，要求九子轮房拜祭这位神奇的粤东客家祖先在情理之中。其中的异人"私授秘术"就是由祖先到神灵的一个关键故事，事实上，当地百姓确实把太乙公当作大伯公祭祀。"二月二十五日的太乙公祭扫之日，风雨无阻，盛况空前。松口百姓也沾恩戴德，一路相传，视之为神，常去烧香祝福，并呼之为大伯公。"②

闽西上杭丰朗珠公坛的传说，也是祖先神化的例子。李火德父亲珠公死后，葬于丰朗附近的榕树坝，李氏后裔每年都寻根问祖到珠公墓来祭祀祖先。丰朗附近村落是李氏宗族聚居区，嫁出去的女子常携男带女到墓前焚香拜谒，这样到珠公墓祭拜的就不光是李姓了，陈、刘、游、黄、张各姓都有，路人便误称珠公坛为公王坛。久而久之，珠公坛真叫成公王坛了。珠公被神化为公王，石碑上刻上了"公王神位"。③

如果说上述由祖先到神灵的转化是零散的，那么石壁客家公祠、南康

① 邓华东主编：《客家邓氏族谱》，1996年，第49页。笔者藏。
② 邓华东主编：《客家邓氏族谱》，1996年，第34－35页。笔者藏。
③ 孔永松、李小平：《客家宗族社会》，福州：福建教育出版社，1997年，第74页。

百家姓和谐城宗祠的祖先向神灵的转化则是批量的。在石壁客家祖地内部，① 通往客家公祠的路上，设置了一个姓氏碑廊，展示着客家各姓渊源、客家精英事迹，所以有一些娱乐表演，同时作为一种特定的祭祀空间，进行一些神圣仪式的装点，因此娱祖娱民（宗亲）合在一起："欢迎嘉宾仪式、签署祭旗、前往公祠、升祭旗、鸣锣开启公祠大门、行祭祀礼、自由晋香、祭祀舞、地方文艺表演、品尝客家小吃。"② 在祭祖中除了一些神圣的仪式如"签祭旗"（祭祀者签名与被祭祀者关联）外，祭祖场所还被民俗点化。"公祠位于石壁盆地中央，背靠武夷山脉，叠峰重峦，宛如巨龙，自高而低，逶迤而至。公祠正面俯视石壁盆地，四境了然，近山匀称，远山怀抱，山水交汇，龙气结聚，是一方经堪舆高师精心测定的风水宝地，凡亲临境者，均赞不绝口。"③ 民俗文化也镶嵌在南康百家姓和谐城宗祠里："湘赣边界，巍巍罗霄，神秘巨龙从主峰劈波斩浪，潜章江，跃赣水，一路蜿蜒飞腾，穿帐过峡，飞到千年名邑，热土南康。龙身一翻，回首眷恋，然后一飞冲天。于是章江画成了太极 S 形，郊外堆起了一座灵秀南山。……放眼环顾，龙卫虎伏，砂水含情。"④

被渲染成居功至伟的祖先、神圣的祭祖仪式和这些神秘的山水特点，使祖先与神灵之间已经没有了界限，敬祖即拜神。由祖到神，或亦祖亦神，更加能够使同姓之间产生凝聚力，祭祖仪式的举行，使得联宗共祖的情况变得更加合理化、情感化和神圣化。

需要指出的是，联宗祭祖并不是日常必须进行的，与某宗族实体的逢年过节、红白喜事必祭有着本质的区别。联宗祭祖在非常态的安排中进行，并且是一种选择性的参与，南康的同姓联宗祭祖，都是这种选择性的

---

① 整体设置是"客家祖地"，"客家公祠"是其核心部分，周边还有许多附属宣传设施。

② 张恩庭编著：《石壁客家纪事》，香港：中国文化出版社，2011 年，第 97 页。

③ 福建省宁化石壁客家宗亲联谊会等编印：《客家祖地宁化石壁》，内部资料，1999 年，第 61－62 页。

④ 赵美询、蒋美才：《走进姓氏文化第一城：解读中国南康百家姓和谐城》，香港：华夏文化艺术出版社，2013 年，第 21 页。

参与行为，这是由参与联宗的主体所决定的。虽然联宗，但并没有改变原宗族的财产继承关系、祭祀关系，也没有共同的生活地域。

钱杭在对历史上的个人联宗进行研究时指出，"联宗虽不以可准确追溯的共同世系为首要条件，但对联宗行动的发起和推动者来说，则应在同宗这一点上保持最低限度的一致"①。在祭祖这一环节，来祭祀的人不论多少，世系关系不论是否可以追溯，都保持了共祖的最低限度。通过观察祭祖这种形式，能很好地反映出同姓联宗的一些特征，也可以很好地观察到同姓联宗的一些过程。这些同姓之人可以通过祭祖增强他们之间的感情，增加对姓氏文化、姓氏祖先的了解。通过祭祖还可以使得同姓联宗保持一个对外的整体形象，南康的百家姓和谐城宗祠祭祖，既是同姓之间的联合需求，也是对他姓联合的一种攀比，即对外展示整体姓氏形象，这也是促使同姓联宗的一个因素。南康的这种百姓联宗祠还有着政府的参与，这种联宗祭祀具有政治性质的变动认同。

## 第二节　行辈字号与联宗整合

族谱中制定的行辈字号能够体现出族人之间的长幼有序，也能体现出一个统合有序的整体。对于联宗参与的主体来说，参与联修的支派在血缘上的联系已经很淡或没有了，在地缘上相近或相隔遥远，为统合联宗，试图拟制一套完整的世系经常困难重重，其中一个原因是世系一旦清晰化，就可能出现某祖先与支祖之间张冠李戴的现象，这为许多执着认真的支派所不认可。在直系的某祖先之间和世代位置无法清晰确认的情况下，模糊地认可自己在某个直系世代位置上也常见于联修谱中，他们也自行参照联

---

① 钱杭：《血缘与地缘之间：中国历史上的联宗与联宗组织》，上海：上海社会科学院出版社，2001年，第3页。

宗辈号。因此，在统合宗支的意义上，联宗辈号可以在无法完成拟制的世系宗支之间起到补充作用，尤其是对于无法考虑世系关系的姓氏联宗更具象征意义。

## 一、行辈字号的含义与制定

行辈的含义，一个是排行，一个是辈分。前者起源于民间将家族中的同辈兄弟，按其出生先后依次排列，后者则起源于一个相同的文字作为宗族内部同辈者之名的一部分，不同辈分就由不同的字号来表示。[①] 在当代的联修谱上，在行与辈之间，排行已经使用得非常少，对于姓氏联修追求宗支越多越好、地理越广越好而言，直系世代的位置只能处于一种随意的认同情况，对于宗支同辈的排行更是无暇顾及，也无法完成，而对照使用辈字为常见的联修情况。

从当代联修谱上的辈号来看，讲究字的选用，字与字之间构成短句，短句与短句之间构成类似诗歌的文体。在不同的联修情况中，辈号各有不同的讲究，现在用几个案例进行说明。

整合联修的几种不同类型：循环使用辈号，从共祖开始整合，从未来的世代开始整合。有世系拟制的整合，无世系拟制的整合。

粤东邓氏联宗辈号，这个辈号还处于一个商讨阶段。先将其初创的世代辈号及格式抄录如下：

| 25 | 26 | 27 | 28 | 29 | 30 | 31 | 32 | 33 | 34 |
|----|----|----|----|----|----|----|----|----|----|
| 东 | 汉 | 家 | 声 | 远 | 元 | 丰 | 世 | 德 | 昌 |
| 35 | 36 | 37 | 38 | 39 | 40 | 41 | 42 | 43 | 44 |
| 士 | 载 | 英 | 铭 | 显 | 忠 | 良 | 卫 | 国 | 光 |

---

① 钱杭：《血缘与地缘之间：中国历史上的联宗与联宗组织》，上海：上海社会科学院出版社，2001年，第221页。

| 45 | 46 | 47 | 48 | 49 | 50 | 51 | 52 | 53 | 54 |
|----|----|----|----|----|----|----|----|----|----|
| 文 | 渊 | 广 | 始 | 祖 | 吉 | 庆 | 定 | 其 | 祥 |

| 65 | 66 | 67 | 68 | 69 | 70 | 71 | 72 | 73 | 74 |
|----|----|----|----|----|----|----|----|----|----|
| 荣 | 茂 | 承 | 宗 | 耀 | 兰 | 桂 | 竞 | 标 | 芳 |

设计者对行辈字号有一系列规定，情况如下：

对选字的发音规则的建议。为了便于"记忆"，可以用同音字代替，"如：家、佳、嘉，元、源、年，丰、锋、峰，士、史、仕，显、善、现，忠、中、钟，良、梁，卫、伟，国、洁、格，渊、源、演，始、治，定、挺，其、琪、麒、奇，荣、仁、盈，桂、贵。"

其中对草稿中的家、元、丰、士、显、忠、良、卫、国、渊、始、定、其、荣、桂15个字提出同音建议。在这15个同音建议中，按普通话的读音标准来看，有10个声母韵母同音，有3个（渊、源、演，始、治，定、挺）是韵母同音，还有2个（国、洁、格，荣、仁、盈）不论声母还是韵母都不相同。但如果按客家方言发音来看，"国、洁、格"就是声母同音"g"，并且"定、挺"是声母韵母音同"tin"。总结其发音规则，选用普通话或客家方言中的同音字，在文化层次参差不齐的广大宗亲中，提供了选择空间。

以佳、言、善字来编排行辈应视为行辈字号的第一要义，但绝不止此。一组相连成似"绝句""律诗"，或者是字数相同的短句，体现了末字押韵等双数句式，这一方面是文化水平的展示，另一方面无论在直系还是旁系的结构上都是宗教稳定程度的体现。如果中断或重编，就会体现宗族结构动态改变的轨迹。[①]

对字辈与对应的世代说明，"由曼公第117代（粤二十五世）起排东

---

① 钱杭：《血缘与地缘之间：中国历史上的联宗与联宗组织》，上海：上海社会科学院出版社，2001年，第224页。

字辈"。曼公是邓姓追认的得姓始祖,这是将客家联宗的字辈对接全国邓姓的一个世代位置,以曼公为一世祖的话,就是第117代开始使用"东"字辈,以进入广东的始祖文渊为一世祖的话,就是第二十五世开始用"东"字辈。①

设计者还在语意上显示了他的精心安排,共分两个层次:前一个层次是前4句,是对进入广东前的邓姓祖先的歌颂;后一个层次是后4句,是对广东邓氏裔孙口齿繁多的赞美,并且提出向北方(东汉时期的祖先还在河南等地)先祖学习的期望。

上述字辈出自一位邓氏宗亲之手,并且放置在《客家邓氏字辈排列倡议书》中,联修谱将之编入,倡议显示出各宗族有选用联宗辈字号的自由,并非强制。

赣南赖氏联宗的辈号与上述字辈有所差异,这是一个定稿的行辈字号。经过征集、筛选、修改三阶段,现将设定的世代字辈及格式抄录如下:

| 1 | 2 | 3 | 4 | 5 | 6 | 7 | 8 | 9 | 10 |
|---|---|---|---|---|---|---|---|---|---|
| 忠 | 烈 | 元 | 士 | 臣 | 匡 | 硕 | 文 | 耀 | 煌 |
| 11 | 12 | 13 | 14 | 15 | 16 | 17 | 18 | 19 | 20 |
| 松 | 阳 | 续 | 颖 | 脉 | 梓 | 源 | 拓 | 天 | 方 |
| 21 | 22 | 23 | 24 | 25 | 26 | 27 | 28 | 29 | 30 |
| 宏 | 基 | 开 | 赤 | 竹 | 英 | 祖 | 肇 | 客 | 乡 |
| 31 | 32 | 33 | 34 | 35 | 36 | 37 | 38 | 39 | 40 |
| 宗 | 泽 | 宏 | 恩 | 深 | 裔 | 播 | 寰 | 宇 | 泱 |
| 41 | 42 | 43 | 44 | 45 | 46 | 47 | 48 | 49 | 50 |
| 耕 | 读 | 博 | 书 | 理 | 勤 | 俭 | 振 | 家 | 纲 |

① 邓华东主编:《客家邓氏族谱》,1996年,第60页。笔者藏。

| 51 | 52 | 53 | 54 | 55 | 56 | 57 | 58 | 59 | 60 |
|----|----|----|----|----|----|----|----|----|-----|
| 仁 | 爱 | 传 | 孝 | 友 | 礼 | 义 | 承 | 贤 | 良 |

| 61 | 62 | 63 | 64 | 65 | 66 | 67 | 68 | 69 | 70 |
|----|----|----|----|----|----|----|----|----|-----|
| 诚 | 信 | 敦 | 世 | 道 | 厚 | 德 | 安 | 族 | 邦 |

| 71 | 72 | 73 | 74 | 75 | 76 | 77 | 78 | 79 | 80 |
|----|----|----|----|----|----|----|----|----|-----|
| 才 | 识 | 毓 | 俊 | 杰 | 智 | 勇 | 显 | 雄 | 强 |

| 81 | 82 | 83 | 84 | 85 | 86 | 87 | 88 | 89 | 90 |
|----|----|----|----|----|----|----|----|----|-----|
| 时 | 和 | 启 | 鸿 | 运 | 景 | 泰 | 兆 | 福 | 祥 |

| 91 | 92 | 93 | 94 | 95 | 96 | 97 | 98 | 99 | 100 |
|----|----|----|----|----|----|----|----|----|-----|
| 勋 | 业 | 光 | 昆 | 裕 | 丰 | 功 | 荣 | 郡 | 望 |

| 101 | 102 | 103 | 104 | 105 | 106 | 107 | 108 | 109 | 110 |
|-----|-----|-----|-----|-----|-----|-----|-----|-----|-----|
| 谱 | 典 | 名 | 春 | 秋 | 伟 | 绩 | 著 | 华 | 章 |

| 111 | 112 | 113 | 114 | 115 | 116 | 117 | 118 | 119 | 120 |
|-----|-----|-----|-----|-----|-----|-----|-----|-----|-----|
| 千 | 秋 | 长 | 相 | 继 | 万 | 代 | 永 | 隆 | 昌 |

075

设计者对上述字辈提出了一些说明，主要有以下几方面：

对字句的说明："定五言句式，以取字数吉祥之意。"兼以"文言、白话、吉语"。

对字音的要求：用"江阳"韵，"以表昂扬之气"。偶句押韵。

对全文的整体要求：句与句之间"基本对仗，以求格律工整"；行文"庄重，易读，实用"。

对全文语意的讲解：全文120字，分六阕三段。

第一段（1~4句）：缅宗颂祖，寻根溯源——"客家第一姓"赖氏树大根深、枝繁叶茂、生机勃发。

第二段（5~8句）：牢记祖训，传承纲常——忠勉族人，崇尚德才，奋发开拓，人杰族强。

第三段（9~12句）：时逢盛世，国泰家祥——客家赖氏联修，昭彰伟

绩、光前裕后、昌隆郡望。①

以上对字句、字音、全文语意进行了讲解，表现了设计者对行辈字号设计的认真、严肃。

上述字辈从 1 到 120 的数字顺序，是以迁入赣南始祖赖忠诚名字中的"忠"字作为第 1 个字开始字辈编排，其使用就是从迁入赣南的始祖忠诚开始计算。查阅其整部族谱，赖氏将其从北方（河南颍川）迁徙到南方（浙江松阳、赣南桴源、福建赤竹）的一些地点镶嵌在里面。

制定的联宗辈号通常是在本次联宗使用，如果以后再次发起联宗，可以继续沿用上次未用完的字辈，继续整合各宗族的辈分关系，或者新制定字辈。宁化的张氏联宗共进行了四次，后三次有辈号，第二次于清同治乙丑年（1865）设计了 60 个辈号，第三次于民国戊子年（1948）新增了 120 个辈号。到了 2002 年的第四次联宗时，前两次相加共 180 个辈号。这显示出下一次联宗可以延续使用上一次的辈号，如果不够，可以新增，通过辈号的持续使用显示出多次联宗的延续性。②

## 二、联宗辈号与联宗整合

有的联宗辈号是对参加联修的宗支的历代祖先、当下子孙、未来子孙的全部整合，从开基祖一直到未来裔孙，从整体上看像是历来如此。上述举例的粤东邓氏联宗字辈、赣闽粤的客家赖氏联宗字辈的设置都是出于这种目的。这种字辈对于各宗支来说，通常采用的是"统一新编，新旧双轨过渡"的类型。对于未来子孙的整合，还要看以后修的支谱是否采用对照。

有的联宗辈号是专门对未来世代的整合，这种辈号设置是否取得效果，要看联修时的具体情况。广东和平县联宗辈号当时设置的情况为，参

---

① 赖观扬主编：《客家赖氏联修族谱》，2008 年，第 309－310 页。上海图书馆藏。
② 张恩庭、张桢主编：福建省宁化县四修《张公君政总谱》，2002 年，第 320 页。石城张广东藏。

与联修的各宗支都没有制定字辈，希望能在此次联修时统一制定。其字辈为"尧舜禹夏商，周春秋战国。秦汉魏蜀吴，晋后南北朝。唐宋元明清，中华照全球"。使用要求是"从佛保公第二十一世开始使用"。制定字辈的刘振东为第二十世，说明是从他们的下一代开始使用，也说明统一制定的字辈主要用来整合未来的裔孙，并要求裔孙们统一使用新建立的字辈取名，在此基础上整合起来的联宗像是一个大宗族。

字辈的另一个使用要求是可以"周而复始，代代沿用"。① 后面从第五十一代、八十一代开始类推使用，形成每30代为一个使用循环周期。如果将来世代能够持续繁衍，真的实现循环，那么一个辈号就需要结合世代位置的使用，才能够确切知道它在整个直系中处于什么辈分。这样一来，也出现了不同辈分有相同字号的情况。在山东的族谱中，字辈也常出现可循环使用的说明。

前文提到的赣南温氏联修、全国孙氏联修，都没有编制成统一的世系进行统合，各宗支世系按原貌摆列在联修谱中。此时体现联修的统一性，就是各宗支比较自信且随意地将自己宗支的第一字辈放于一个位置，对照使用新编订的联宗字辈。此种情况下，新编订的联宗字辈成了对统一世系缺失的补充，让联宗看起来像是一个统一的整体，具有统合联宗的象征意义。

## 第三节　世系追溯与联宗整合

虽说联宗的最低限度是保持共祖关系，但很多联宗案例都会努力追求通过世系关系将这些血缘关系不清或毫无血缘关系的族人连接在一起。要将这些关系不清的人进行世系追溯，到底追溯哪一段世系呢？有学者指

---

① 刘振东主编：《刘氏族谱》，1993年，第95页。上海师范大学图书馆藏。

出："所谓共同世系的追溯，不是指某一族、一人对始于祖先、终于己身的世系追溯，而是在两个同姓实体之间，出于某种需要，对以前曾经存在过的某一段共同世系进行的追溯。"[①] 在世系追溯的过程中，既有对某一段共同世系进行追溯，也可见本来就没有共同世系的宗族实体进行世系拟制。参加联宗的宗族越多，共同世系越难寻找，即使采用追认的方式进行拟制，也会出现不同支系祖先的重复错乱。虽重复错乱，但这并不影响他们继续进行下去，以下将以闽西宁化张氏联宗的案例展开证实。

## 一、闽西宁化张氏概况

闽西宁化县有 49 个张氏祠堂，它们分布于 15 个乡镇，历史上于清乾隆、同治及民国时期共进行过三次联宗，但一直未能全部整合，因为石壁上市、下市两个张氏祠堂存在的恩怨未能得到彻底解决。21 世纪初的联宗为第四次联宗，此次联宗将历史上的上市、下市张氏矛盾进行了调和，其存在恩怨的原因——资源紧张消失了，这与现在良好的经济环境有着密切关联，也与客家宗亲的寻根问祖有关。

现将历史上参与上市、下市联宗的宗族开基祖进行一个分组统计。以石壁上市宣诚祖祠堂为中心的联宗祠堂共 39 个，其中石壁有 9 个，分别为石壁村上市四郎祖张氏家庙、杨边村（桂林）均茂祖张氏家庙、桃金村石壁坑朴郎祖张氏家庙、江头村八十郎祖张氏家庙、江口村举郎公张氏家祠、石壁山下子宽祖张氏宗祠、小吴上村十五郎祖张氏宗祠、小吴下村七郎祖张氏宗祠、张家地振彬祖张氏宗祠；淮土乡有 5 个，分别为田背村官忠坑思周堂、寒谷村思远、彦旻祖张家宗祠、仕边村文彦祖张氏宗祠、竹员村思坚祖张氏家庙；方田乡有 8 个，分别为村头村德郎祖张氏宗祠、禾岭下永德祖张氏宗祠、禾寨十一郎祖张氏宗祠、方田里十四郎祖张氏宗

---

① 钱杭：《血缘与地缘之间：中国历史上的联宗与联宗组织》，上海：上海社会科学院出版社，2001 年，第 127 页。

祠、南城村竹郎祖张氏宗祠、南城村祖隆祖张氏宗祠、大畲村允伸祖张氏宗祠、禾寨村十五郎祖张氏宗祠；曹坊乡有 4 个，分别为坪上村益郎祖张氏宗祠、南坑村十三郎祖张氏宗祠、小南坑益郎祖张氏宗祠、滑石村文凤祖张氏宗祠；安乐乡的为丁坑口村平郎祖张氏宗祠；城南乡的为上坪村良茂祖张氏宗祠；济村乡的为湖头村世远祖张氏家庙与肖家村沉郎祖张氏宗祠；河龙乡的为仁尚村官九祖张氏宗祠与高阳村圣基祖张氏家庙；安远乡的为张坊村心佛祖张氏宗祠；城郊乡的为雷陃村兴旺祖张氏宗祠与江家村文质祖张氏宗祠；中沙乡的为渔潭村检郎祖张氏祖堂；湖村镇的为店上村丙郎祖张氏宗祠；治平乡的为左坑村思迩祖张氏宗祠，共涉及 13 个乡镇。以下市祠茂甫祖祠堂为中心的联宗祠堂 10 个，涉及乡镇 7 个，其中石壁有 4 个，分别为石壁村下市茂甫祖张氏家庙、陂下村敬贤堂世福祖张氏家庙、溪背村瑞祯祖张氏家庙、邓坊桥文贵祖张氏家祠；淮土乡的梨树村原甫祖张氏宗祠；治平乡的泥坑村子千祖张氏宗祠；济村乡的长坊村胜甫祖张氏家庙；中沙乡的楼家村朝宗祖张氏宗祠；安远乡的割畲村文广祖张氏宗祠；水茜乡的张坊村世杞祖张氏宗祠。①

## 二、张氏联宗的世系追溯

本次以南宋时期从江苏迁来的四郎祖（上市）与元朝时期从宁都迁来的茂甫祖（下市）的联合为基础，再联合石壁杨边村（桂林）均茂祖，共认南宋时期从宁都迁来的安卿为祖。安卿父亲公奭为南宋时期的宁都县令，②据宁都洲塘的张氏宗谱记载公奭生罗、安、智、惠四子，并记载了安公外迁至宁化。③为联合曹坊水东文凤祖，联谱将文凤列为公奭第五

① 张恩庭、张桢主编：福建省宁化县四修《张公君政总谱》，2002 年，第 253 – 255、268 – 319 页。石城张广东藏。结合了笔者于 2013 年 7 月在石壁的田野调查资料。
② （清）郑祖琛主修：《宁都直隶州志》（道光四年），1987 年，第 351 页。
③ 张万樛主编：《宁都洲塘张氏十二修宗谱》卷三，2008 年，第 3 页。宁都张小东藏。

子。① 另外，在北宋时期迁来的有瑞祯祖、世福世远兄弟，南宋迁来的子宽、良茂，元朝迁来的心佛祖，为完成世系的联宗，公奭再往前追溯唐朝的志成为祖，瑞祯、世福、心佛共尊唐朝宰相九龄为祖，子宽、良茂共尊唐朝九章为祖，② 另有 22 个祠堂共尊唐朝允伸为始祖。③ 所有这些开基祖，为达到一个共同祖先的目标，追认唐初的君政为客家始祖。最后形成多个支祖联宗世系与联宗远祖世系图。具体如下所示：

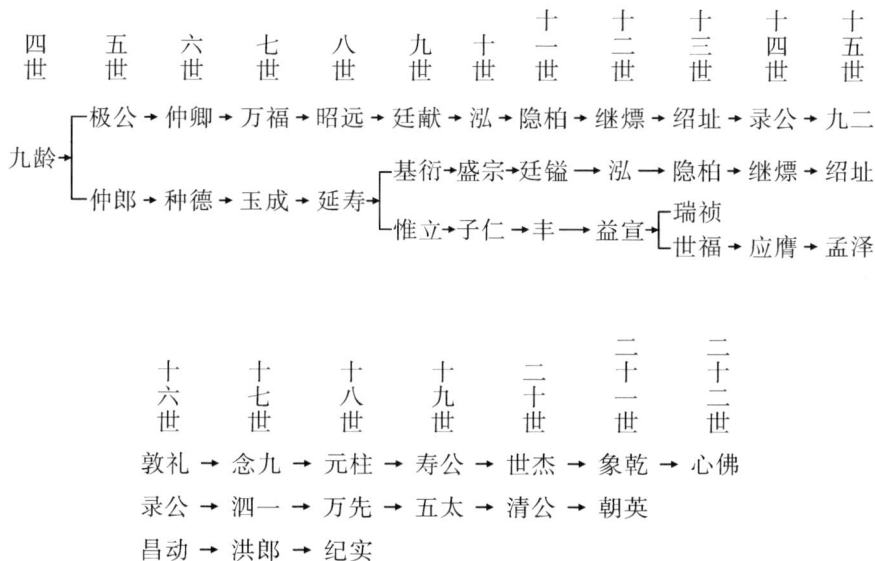

| 四世 | 五世 | 六世 | 七世 | 八世 | 九世 | 十世 | 十一世 | 十二世 | 十三世 | 十四世 | 十五世 |
|---|---|---|---|---|---|---|---|---|---|---|---|
| 九龄 → | | | | | | | | | | | |
| 极公 → | 仲卿 → | 万福 → | 昭远 → | 廷献 → | 泓 → | 隐柏 → | 继熛 → | 绍址 → | 录公 → | 九二 | |
| 仲郎 → | 种德 → | 玉成 → | 延寿 → | 基衍 → | 盛宗 → | 廷镒 → | 泓 → | 隐柏 → | 继熛 → | 绍址 | |
| | | | | 惟立 → | 子仁 → | 丰 → | 益宣 → | 瑞祯 | | | |
| | | | | | | | | 世福 → | 应膺 → | 孟泽 | |

| 十六世 | 十七世 | 十八世 | 十九世 | 二十世 | 二十一世 | 二十二世 |
|---|---|---|---|---|---|---|
| 敦礼 → | 念九 → | 元柱 → | 寿公 → | 世杰 → | 象乾 → | 心佛 |
| 录公 → | 泗一 → | 万先 → | 五太 → | 清公 → | 朝英 | |
| 昌动 → | 洪郎 → | 纪实 | | | | |

图 3-3 九龄支祖联宗世系图

---

① 张恩庭、张桢主编：福建省宁化县四修《张公君政总谱》，2002 年，第 137 页。石城张广东藏。

② 张恩庭、张桢主编：《张公君政总谱·续集》，2004 年，第 49-52 页。石城张广东藏。

③ 张恩庭、张桢主编：福建省宁化县四修《张公君政总谱》，2002 年，第 253-255、268-319 页。石城张广东藏。

| 四世 | 五世 | 六世 | 七世 | 八世 | 九世 | 十世 | 十一世 | 十二世 | 十三世 | 十四世 | 十五世 | 十六世 |
|---|---|---|---|---|---|---|---|---|---|---|---|---|
| 九章 → | 仲方 → | 括 → | 藏玉 → | 佳 → | 隶文 → | 钟美 → | 鸣世 → | 槃 → | 伯阳 → | 芳胤 → | 观公 → | 容 |

| 十七世 | 十八世 | 十九世 | 二十世 | 二十一世 | 二十二世 | 二十三世 | 二十四世 | 二十五世 | 二十六世 | 二十七世 | 二十八世 |
|---|---|---|---|---|---|---|---|---|---|---|---|
| 德 → | 裔 → | 有用 → | 祖 → | 隆 → | 录公 → | 卓立 → | 通古 → | 太郎公 | 九郎 | 五七郎 → 子宽 | 子宽 |
|  |  |  |  |  |  |  |  |  |  | 三七郎 → 良茂 | 良茂 |

图 3 - 4　九章支祖联宗世系图

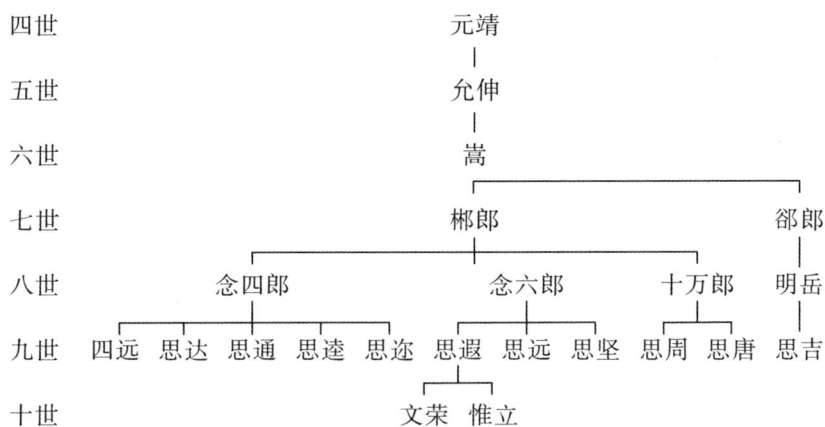

图 3 - 5　元靖支祖联宗世系图

081

| 四世 | 五世 | 六世 | 七世 | 八世 | 九世 | 十世 | 十一世 | 十二世 | 十三世 | 十四世 | 十五世 |
|------|------|------|------|------|------|------|--------|--------|--------|--------|--------|
| 志成 | 天常 | 中崶 | 春元 | 伯圭 | 惟立 | 云龙 | 笃实 | 从心 | 忠公 | 明翁 | 以充 |

志成→天常→中崶→春元→伯圭→惟立→云龙→笃实→从心→忠公→明翁→以充

| 十六世 | 十七世 | 十八世 | 十九世 | 二十世 | 二十一世 | 二十二世 | 二十三世 | 二十四世 |
|--------|--------|--------|--------|--------|----------|----------|----------|----------|

万春→和公→问达→公薁┬罗卿→惟立→云龙→笃实→从心
　　　　　　　　　　├安卿→宣诚→ 玄 →九秀
　　　　　　　　　　├四郎→均茂
　　　　　　　　　　└文凤→九兴→满郎→茂甫

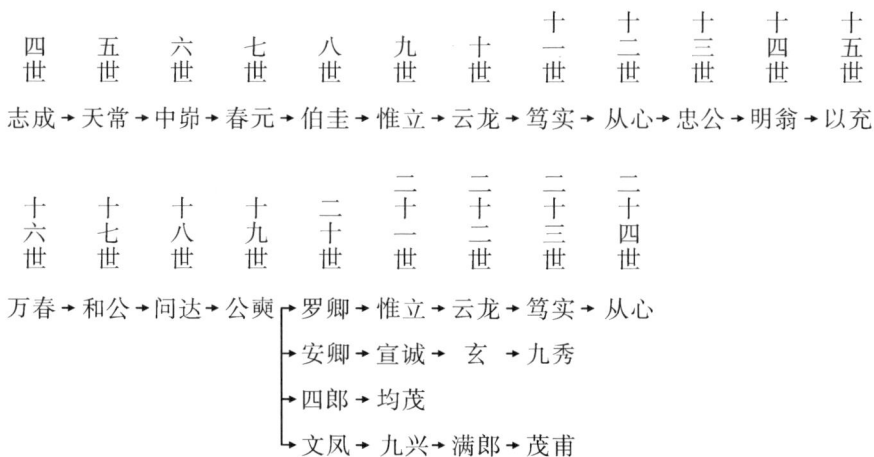

图 3-6　志成支祖联宗世系图

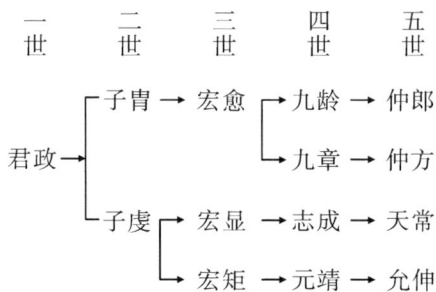

| 一世 | 二世 | 三世 | 四世 | 五世 |
|------|------|------|------|------|

君政┬子胄→宏愈┬九龄→仲郎
　　│　　　　　└九章→仲方
　　└子虔┬宏显→志成→天常
　　　　　└宏矩→元靖→允伸

图 3-7　远祖联宗世系图

因为参与联宗的宗族过多，出现错乱也可预见。在本次联修中，惟立被族谱记载为宋朝进士，安排进入支祖直系中可以提高本支派的地位。因此在三个支祖直系派中都可以看到惟立的世系位置，在图3-3九龄支祖联宗世系中为第九世，在图3-5元靖支祖联宗世系中为第十世，在图3-6志成支祖联宗世系中为第九世。在《宋登科记考》中未能印证惟立是宋朝进士的真实性，但在他们的话语中被认可即是有用，因此被各宗族安排为自己的祖先，以达到提高本支派地位的目的。从这一点看来，祖先的追溯，就是基于一个联宗共祖的需要，他们也已经超越了真假这一层面的事实。

关于联宗世系追溯的问题，如在第二章谈到当代客家联宗类型时，提到世系的追溯是联宗活动的一个重要行为，但出于许多复杂原因，如中华孙氏、中华罗氏的联修，也只能做某段共同世系的追溯，无法将参与联宗的支祖与共祖全部连接起来。从已完成的联宗实践来看，尽量通过世系拟制达到共祖的状态，如果完成不了，也只有让各宗族实体世系各自处理，也就是说联宗的世系是处于可有可无的"两可"状态。

# 小　结

联宗过程中表现出的三种基本整合方式，有着各自的基本作用。祭祖是通过联合祭祀一位（组）祖先，营造出一种祭祀共同体的宗教氛围，使得一种共祖的感受油然而生，能够对同姓宗族、同姓个人起到团结、凝聚的作用。联宗行辈字号的安排，是对各宗族世代不同辈分的相对整合，便于各宗族的辈分对照现行的统一辈分，也便于各宗族统一使用现行新字辈，这样便于各宗族之间以兄弟、叔伯等相称。联宗的世系安排并不是追求建立新的世系，而是在各宗族祖先与联宗追认的共祖之间建立一种拟制的世系关系，尤其是直系世系关系，这种世系关系一旦建立，就像是一个整合起来的大宗。以上几种都是联宗时常用的基本整合手段，但未必都会选用，可能只选其一其二，也可能全用，但是祭祖这一整合手段通常会选用，因为它可以灵活安排，只要认可了共祖即可进行。对于行辈字号、世系安排，在联宗过程中都是处于可有可无的"两可"状态，但保持共祖是联宗的最低要求。

# 第四章　客家联宗目标

联宗在共祖的情况下试图以拟制的世系、统一的辈号将各宗族实体统合为一个整体，那么这些整体上统合的内在要求是什么呢？即在同一地域、相邻地域或超越地域范围的联宗中，客家联宗是在追求什么样的目标呢？这是本章所要讨论的问题。以客家为人群性背景的同姓宗族联宗，通过观察已经完成的一些联宗案例，可以看出赣闽粤客家聚居区的许多联宗案例表现出"客家身份"的建构，这是对文化价值观的追求，并且是对功利性目标的超越，"联宗除了功利性的功能外，更重要的是它能在观念形态上唤醒同姓人之间的同宗、同族的历史意识，体现了汉民族为满足对自身及群体历史性和归属感的执着。"[1] 而客家群体的同姓联宗，是同宗、同族对客家群体归属感的追求，这种归属感与客家族群的迁徙经历有着密切的联系。在赣闽粤客家聚居区的大部分同姓联宗过程中，将石壁当作客家祖先神话的发源地、可以进行追溯的历史家园，将北民南迁作为一个共同的经历进行重塑。综合观察这些联修族谱，修谱人依据已有的客家族群源流观点、史料，整理各族支的谱牒，结合已经出版的姓氏资料等进行历史文化重建，把这种自信且随意的历史书写作为自己的一种历史主张，由此达到客家姓氏的一种团结感，"族群是相信分享共同的历史、文化或祖先的人群。"[2]

---

① 钱杭：《血缘与地缘之间：中国历史上的联宗与联宗组织》，上海：上海社会科学院出版社，2001 年，第 390 页。

② 庄孔韶主编：《人类学概论》，北京：中国人民大学出版社，2006 年，第 306–307 页。

# 第一节　联修与石壁追溯

对于移民群体来说，大多存在相应的移民传说地，如广府人传说地为南雄的珠玑巷，福佬人为河南光州固始，北方汉族人有山西洪洞大槐树，客家有福建宁化石壁村。其中大槐树与石壁村广为流传，民谚曰：北有大槐树，南有石壁村。意思是北方汉族人的祖根系于山西洪洞大槐树，南方客家人的祖根系于福建宁化石壁村。在客家人的谱牒中，可以发现大量关于经过石壁的记载。刘善群在梳理秦汉、两晋、唐宋时期的客家先民南迁史时，在每个分期都能够找到经过石壁的族谱资料记载。[①] 无论祖先来自甘肃、陕西、山西、山东、河南、湖北、湖南、江苏、浙江乃至福建沿海任何一个地区，族谱上往往记载其祖宗先迁到福建宁化石壁开基，然后再分迁各省各地发展。[②] 这些记载，不能说都符合史实，但这种群体记忆确实影响着一个族群的现实体验，也影响着自身的历史重塑。即使明智如历史学家，也要受到历史记忆和现实理解之间的影响。"人们的历史记忆，受其对'当代'理解的影响，而其对'当代'的理解，又受制于其历史的记忆，这是一种具有内在和谐性但难以用逻辑语言表达的复杂的动态。在这样的过程中，精英阶层以文字形式塑造并保留其历史记忆的工作，对后来的研究者来说，具有特别值得注意的价值。"[③] 为当代客家联修谱的编修者也会受族谱历史记忆和当代客家族群源流、观点的影响，这种复杂的互动过程，让编修者把自己的族谱编成一个客家姓氏谱，让自己的姓氏群体

---

① 刘善群：《客家与宁化石壁》，北京：中国华侨出版社，2000 年，第 4 – 21 页。

② 谢重光：《乡土中国——闽西客家》，北京：生活·读书·新知三联书店，2002 年，第 17 页。

③ 陈春声：《乡村故事与"客家"历史记忆的重新塑造——以〈明季岭东山砦记〉的研究为中心》，见宋德剑主编：《地域族群与客家文化研究》，广州：华南理工大学出版社，2008 年，第 2 页。

具有了客家群体的符号。综合观察客家姓氏谱中自我书写的历史，可将其解读为客家族群自我形象的塑造，这种塑造使得各客家姓氏谱具有了高度的内在一致性，族群历史的"共同性"又近了一步，其族群的团结感、归属感又得到了增强。

## 一、历史移民与石壁中转

福建宁化位于武夷山东麓、福建西隅，与江西省石城、广昌等县相邻，边界长达百余公里。石壁位于宁化西部，唐初时称玉屏，四周有雄伟的武夷山自南而北为屏障，四周皆山，中间为广阔的盆地，山涧密布，水草丰盛，森林茂盛，犹如一道天然的绿色屏障。① "石壁一带，包括淮土、方田、济村的一部分，地势开阔平坦，又当闽赣交通要道，早在唐宋客家大迁徙时，就成了客家入闽的落脚点，经济繁荣，人丁兴旺，所以西乡人口稠密有其历史渊源。"②

石壁的移民来自多方位，黄河流域、江淮流域都有人口进入，然后又从石壁移民到广东、台湾等地，这种移民历史现象主要反映在族谱上，如表4-1所示。

表4-1　石壁人口聚散地

| 姓氏 | 迁出时间 | 迁出者 | 迁出地 | 迁入地 | 外迁时间 | 外迁者 | 外迁地 | 资料来源 |
|---|---|---|---|---|---|---|---|---|
| 邓 | 西晋 | 不详 | 山西滔分 | 宁化石壁 | 宋代 | 志素 | 梅县 | 梅县《邓氏族谱》 |
| 邱 | 东晋 | 三五郎 | 河南 | 宁化石壁 | 不详 | 伯七郎 | 上杭 | 梅县《邱氏族谱》 |

---

① 余保云编著：《宁化掌故》，北京：中国华侨出版社，2000年，第25页。
② 刘善群主编：《宁化县志》，福州：福建人民出版社，1992年，第134页。

（续上表）

| 姓氏 | 迁出时间 | 迁出者 | 迁出地 | 迁入地 | 外迁时间 | 外迁者 | 外迁地 | 资料来源 |
|---|---|---|---|---|---|---|---|---|
| 钟 | 晋 | 钟朝 | 江西兴国 | 宁化石壁 | 不详 | 不详 | 长汀、广东 | 蕉岭《钟氏族谱》 |
| 李 | 北朝 | 李孟 | 河南汴梁 | 宁化石壁 | 南宋 | 火德 | 上杭 | 梅县《李氏族谱》 |
| 巫 | 南齐 | 德益 | 江西建昌 | 济村巫家湖 | 宋高宗年间 | 显章 | 清流 | 济村《巫氏族谱》 |
| 罗 | 唐乾封元年 | 景新 | 江西吉丰 | 石壁葛藤坑 | 宋末元初 | 千九郎 | 兴宁 | 宁化《罗氏族谱》 |
| 陈 | 唐 | 陈苏 | 福建南剑州 | 宁化石壁 | 不详 | 魁公后裔 | 闽南、广东、台湾 | 宁化横锁《陈氏族谱》 |
| 刘 | 唐 | 天锡 | 河南洛阳 | 宁化石壁 | 南宋 | 开七 | 潮州、梅县 | 梅县《刘氏族谱》 |
| 杨 | 唐 | 圣郎 | 福建延平 | 石壁杨家 | 南宋 | 不详 | 将乐、广东、台湾 | 禾口杨边《杨氏族谱》 |
| 官 | 唐 | 官膺 | 山西解县 | 宁化石壁 | 元代 | 耀、濯、擢 | 大埔、诏安、海丰 | 台东《官氏族谱》 |
| 薛 | 唐 | 不详 | 不详 | 宁化石壁 | 元代 | 信 | 平远 | 《崇正同人系谱》 |
| 甘 | 唐 | 不详 | 不详 | 石壁葛藤坑 | 不详 | 仙一郎 | 五华、陆丰 | 五华《甘氏族谱》 |
| 江 | 唐 | 孟德 | 江西饶州 | 宁化石壁 | 不详 | 不详 | 永定、上杭、潮州 | 《淮阳江氏本源》 |

087

（续上表）

| 姓氏 | 迁出时间 | 迁出者 | 迁出地 | 迁入地 | 外迁时间 | 外迁者 | 外迁地 | 资料来源 |
|---|---|---|---|---|---|---|---|---|
| 赖 | 唐武德五年 | 赖桂 | 浙江松阳 | 宁化曹坊 | 不详 | 不详 | 不详 | 曹坊《赖氏族谱》 |
| 高 | 唐末 | 不详 | 不详 | 宁化淮土 | 五代 | 不详 | 石城 | 《石城县志》 |
| 谢 | 后梁 | 文乐 | 福建邵武 | 宁化石壁 | 不详 | 不详 | 不详 | 梅县《谢氏族谱》 |
| 何 | 后梁 | 大郎 | 不详 | 宁化石壁 | 后唐 | 不详 | 武平 | 梅县《何氏谱》 |
| 张 | 五代 | 张虎 | 江苏姑苏 | 宁化石壁 | 不详 | 不详 | 不详 | 宁化《张氏重修族谱》 |
| 吴 | 后唐同光元年 | 吴伯 | 福建延平 | 淮土吴陂 | 不详 | 不详 | 不详 | 淮土《吴氏族谱》 |
| 邱 | 北宋 | 三郎 | 河南固始 | 宁化石壁 | 南宋 | 不详 | 闽西、广东、海南 | 台湾北埔《邱氏族谱》 |
| 傅 | 北宋 | 先世一郎 | 福建建宁 | 宁化石壁 | 不详 | 念六郎 | 上杭蛟洋、广东 | 上杭蛟洋《傅氏族谱》 |
| 曾 | 北宋 | 纤惇 | 江西南丰 | 宁化石壁 | 宋末元初 | 不详 | 长乐 | 兴宁《曾氏族谱》 |
| 魏 | 北宋 | 兆卿 | 江西广昌 | 宁化石壁 | 不详 | 不详 | 长汀、上杭、广东 | 五华《魏氏谱》 |
| 廖 | 北宋嘉祐二年 | 达郎 | 江西宁都 | 宁化济村 | 不详 | 不详 | 不详 | 济村《廖氏族谱》 |
| 周 | 北宋 | 不详 | 河南汝南 | 宁化石壁 | 不详 | 忠桂 | 永定、晋江 | 汝南《周氏族谱》 |

（续上表）

| 姓氏 | 迁出时间 | 迁出者 | 迁出地 | 迁入地 | 外迁时间 | 外迁者 | 外迁地 | 资料来源 |
|---|---|---|---|---|---|---|---|---|
| 卢 | 南宋 | 处信 | 江西赣州 | 宁化石壁 | 南宋 | 天佑、千四郎 | 永定、梅县 | 梅县《卢氏族谱》 |
| 林 | 南宋 | 世荣 | 不详 | 宁化石壁 | 南宋 | 评事 | 大埔 | 蕉岭《林氏族谱》 |
| 汤 | 南宋 | 庆可 | 浙江萧山 | 宁化石壁 | 明代 | 益隆 | 上杭、武平、蕉岭 | 蕉岭《汤氏族谱》 |
| 王 | 南宋 | 千三 | 福建建宁 | 宁化淮土 | 明嘉靖 | 十八郎 | 淮土大王坊 | 淮土《王氏族谱》 |
| 徐 | 南宋景定元年 | 洪郎 | 江西石城 | 宁化济村 | 不详 | 不详 | 不详 | 徐家庄《徐氏族谱》 |
| 梁 | 宋 | 孟坚 | 不详 | 宁化石壁 | 南宋 | 永年 | 梅州、潮州、程乡 | 台湾中坜《梁氏族谱》 |
| 萧 | 宋 | 萧轩 | 安徽太和 | 石壁葛藤坑 | 宋代 | 不详 | 梅县 | 《崇正同人系谱》 |
| 赖 | 宋 | 不详 | 山西虞州 | 宁化石壁 | 明代 | 不详 | 平和 | 台北《西城赖氏族谱》 |
| 陈 | 宋 | 魁公 | 湖北宜都 | 宁化石壁 | 不详 | 魁公后裔 | 闽南、广东、台湾 | 《崇正同人系谱》 |
| 廖 | 宋 | 四十一郎 | 江西宁都 | 宁化石壁 | 不详 | 千十郎、思敏、宗国等 | 南靖、兴宁、安溪 | 香港上水《廖氏族谱》 |
| 曹 | 宋 | 明贵 | 山东曹州 | 宁化石壁 | 不详 | 法录 | 嘉应州 | 曹坊《曹氏族谱》 |

（续上表）

| 姓氏 | 迁出时间 | 迁出者 | 迁出地 | 迁入地 | 外迁时间 | 外迁者 | 外迁地 | 资料来源 |
|---|---|---|---|---|---|---|---|---|
| 郭 | 宋 | 福安 | 福建龙岩 | 宁化石壁 | 南宋 | 天锡 | 上杭、大埔 | 大浦《郭氏族谱》 |
| 黄 | 宋 | 黄化 | 福建邵武 | 宁化石壁 | 南宋 | 十伯僚 | 惠州、梅州 | 梅州《江夏黄氏渊源》 |
| 蓝 | 宋 | 万一郎 | 福建建宁 | 宁化石壁 | 宋代 | 和二郎 | 漳州、梅县 | 五华《蓝氏族谱》 |
| 谢 | 宋 | 开书 | 浙江始宁 | 宁化石壁 | 不详 | 逢春 | 大埔 | 梅县《谢氏族谱》 |
| 戴 | 宋末 | 戴杏 | 江西乐平 | 宁化石壁 | 元代 | 澄逊 | 漳浦、广东 | 台湾《玉麟公派下族谱》 |
| 刘 | 元末 | 汉卿 | 江西石城 | 宁化淮土 | 不详 | 不详 | 不详 | 淮土《刘氏族谱》 |
| 毛 | 明 | 毛槐 | 宁都东山坝 | 石壁禾口 | 明代 | 志武 | 宁化淮土 | 河龙《毛氏族谱》 |

注：本表根据宁化县志办 1985 年制作的《宁化县部分姓氏流迁登记表》整理而成，该表收录外迁者在 1992 年编纂的《宁化县志》中。[①]

从上表可以知道，外迁者进入石壁的主要时段为两宋时期，到了元明清三朝，进入的人口开始减少，该迁入特征与宁化县的人口变化特点基本符合，唐天宝元年（742）人口数量约为 5 000，宋元丰三年（1080）约为15 000，宝祐年间（1253—1258）为 11 万以上，此后人口开始下降，明代在 3～4 万人，清代在 2～4 万人。[②] 而石壁外迁的人口，可以从其他资料的记载和研究中得到支持，比如罗香林对《崇正同人系谱》中的氏族资料进行了统计，发现有刘、罗、李、张、何、邱、吴、廖、薛、洪、钟 11 个

---

① 刘善群主编：《宁化县志》，福州：福建人民出版社，1992 年，第 137－145 页。

② 刘善群主编：《宁化县志》，福州：福建人民出版社，1992 年，第 130 页。

姓氏经过石壁，在《上杭县志》中也记载有丘、江、朱、伍、官、陈、袁、范、张、黄、曾、詹、谢、严、罗、龚 16 姓途经石壁进入上杭。① 民国时期，英国传教士艮贝尔在粤东考察客家人的来源时提道："岭东之客家，十有八九皆称其祖先来自福建汀州府宁化石壁者。"黄遵楷提道："嘉应一属，所自来者，皆出自于汀州之宁化石壁，征诸各姓，如出一辙。"② 台湾学者陈运栋提到客家人与石壁的关系："今日各地客家人的祖先，大部分都曾经在石壁村住过。"③

## 二、偏安中的族群矛盾

客家聚居区的偏安，只是相对于国家兵患、灾荒等而言，事实上，客家聚居区并非完全是清静之地，具有聚居与防御功能的土楼、围龙屋即是例证。外来移民进入石壁之后，需要边生产边防御，关于这种记载最早可追溯到隋末唐初的移民垦荒。巫罗俊生于隋开皇二年（582），"避乱至山东兖州、福建南剑州"。隋大业年间（605—618）迁至黄连。"巫率众在黄连西部辖地垦荒种地"，"开山伐木于吴"，"唐贞观三年（629），巫到皇帝行营上疏，奏称黄连地广人多，可授田定税。朝廷嘉纳此举，授于一职，令其剪荒自效"。唐乾封二年（667），黄连正式设镇。巫罗俊在拓荒的过程中和村民一起防御土寇："筑城堡、建土寨，防御土寇，境内人民安居乐业，巫成为黄连的首领。"④ 复因居民罗令纪之请，因升黄连镇为县。开元二十六年（738），开山峒，置汀州于新罗城，领县三，割黄连以属之，并长汀、龙岩而三也。天宝元年（742），更黄连县曰宁化县。⑤

宋元之际，是移民的继续，也是族群矛盾的继续。据族谱记载，石壁

---

① 罗香林：《客家史料汇编》，台北：南天书局有限公司，1992 年，第 378 – 380 页。

② 黄遵楷：《先兄公度事实述略》，转引自刘善群主编：《宁化县志》，福州：福建人民出版社，1992 年，第 21 页。

③ 陈运栋：《客家人》，台北：联亚出版社，1980 年，第 8 – 9 页。

④ 李升宝主编：《清流县志》，北京：中华书局，1994 年，第 734 页。

⑤ 刘善群主编：《宁化史稿》，福州：福建教育出版社，2014 年，第 37 页。

张瑞祯为南宋嘉定年间进士，宝祐六年（1258），元军围攻鄂州。"挂冠避寇，居我宁化千家围。历有年所，瑞祯之弟世郎，宰江西吉安府安福县。寇变路梗，难以还苏，遂止于其所治。迨后其孙希承，慕伯祖父林泉之乐，亦徙居于吾宁陂下乡。"① 这仅是族谱所载，在石壁村民的记忆中是一次大开发，"张瑞祯等上千户逃亡者在石壁村北高山之巅开辟居所，被当地人称作千家围，张瑞祯子孙后迁到溪背村开基。"② 千家围位于石壁村北部，地理位置险要，至元朝末年，清流人陈友定曾在此屯兵。③

唐宋移民在拓荒、开发石壁的过程中，石壁的名称也出现数次变化，这个变化隐含了发展中的矛盾。石壁，唐初称为玉屏，唐中叶时，"玉屏坑与邻近的禾口、江口、溪子口三个村庄毗邻，在唐代中叶，这三个村的村主曾制造所谓的'三口食玉屏'的谎言，多次发动村民侵扰玉屏坑，但每次均被玉屏坑的村民所力挫。……玉屏坑的村民为表示反侵扰、抗蚕食、拒吞并的决心，随改玉屏坑为石璧坑"。唐末五代，石璧坑的后人又将"璧"改为"壁"，宋代时，又把"壁"改为"碧"。④ 这些故事在石壁广为流传，透过这些故事可以看出石壁发展中的一些态势。唐中叶，玉屏坑改为石璧坑时玉屏的开发已经超越邻村，于是产生移民定居后的土客矛盾。唐末五代，石璧改为石壁，是把含玉的璧已经基本改造为可耕种的土地，所以有"壁"的出现，到宋代，从可耕种的土地变成了青山绿水，所以又改为石碧，显示其一片生机。因此，石壁地名的变迁在一定程度上反映出客家对当地的开发程度，也反映出客家与土著的矛盾。

明清两朝，宁化县聚族而居的格局已经形成。据刘善群的研究，明崇祯年间，全县农村11个里中，有261个村，而以姓命名者有133个村，占

---

① 张恩庭主修：石壁《追远堂张氏族谱》，《历届序言》，1994年。宁化张清祥藏。
② 余保云编著：《宁化掌故》，北京：中国华侨出版社，2000年，第28页。
③ 李升宝主编：《清流县志》，北京：中华书局，1994年，第736页。
④ 余保云编著：《宁化掌故》，北京：中国华侨出版社，2000年，第25页。

一半多。① 聚居在石壁的张氏逐渐发展为大姓，并控制了当地的资源。明代后期，石壁已经开设了禾口墟市，在禾口墟界的问题上出现了利益冲突。万历年间开墟市，上下祠矛盾由黎氏出面调和。清雍正年间，上下祠构讼成隙。② 乾隆年间，上下祠"逐渐竞耗"，使得上市"祀产微薄"。③

民国时期，石壁贸易兴盛发达，禾口墟市拓宽的空间已经受到限制，因此另设墟市成了新的矛盾焦点。下祠极力主张另辟新街，替换老街，得到了新兴商人的大力支持，同时也遭到了以上祠为代表的商家的反对。一场墟市之争引发血案，最后汀州府出面调停解决，达成新墟逢九、老墟逢四的协议。④

石壁在解决族群矛盾的方法上，除了通过发展生产、贸易、武斗、争讼来解决外，还注重将一些儒家观念编入一些故事中，希望由此达到教化、和解的目的。比如石壁葛藤坑的传说："在昔，黄巢造反，隔山摇剑，动辄杀人；时有贤妇，挈男孩二人，出外逃难，路遇黄巢。巢怪其负年长者于背，而反携幼者以并行，因叩其故；妇人不知所遇即黄巢也，对曰：闻黄巢造反，到处杀人，旦夕且至；长者先兄遗孤，父母双亡，惧为贼人所获，至断血食，故负于背；幼者固吾生子，不敢置侄而负之，故携行也。巢嘉其德，因慰之曰：毋恐！巢等邪乱，惧葛藤，速归家，取葛藤悬门首，巢兵至，不屑杀矣。妇人归，急于所居山坑径口，盛挂葛藤，巢兵过，皆以巢曾命勿杀悬葛藤者，悉不敢入，一坑男女，因不得死。后人遂称其地曰葛藤坑，今日各地客家，其先皆葛藤坑居民。"⑤ 这则故事尽管被罗香林认为是无稽之谈，同时也被其解读为客家是"皆几经自然淘汰与选

① 刘善群：《客家与宁化石壁》，北京：中国华侨出版社，2000年，第181页。
② 张桢主修：石壁上市《清河郡张氏十修族谱》（卷一），《禾口墟记》《清河郡四郎公裔孙三房平资买千家围各处山场叙》，1991年。美国犹他州家谱图书馆藏。
③ 张桢主修：石壁上市《清河郡张氏十修族谱》（卷一），《九秀祖太祀产》，1991年。美国犹他州家谱图书馆藏。
④ 罗华荣：《石壁传统社会调查》，见杨彦杰主编：《宁化县的宗族、经济与民俗》，香港：国际客家学会，海外华人资料研究中心，法国远东学院，2005年，第535—538页。
⑤ 罗香林：《客家研究导论》，兴宁：广东省兴宁市永恒彩印厂，2003年，第82—83页。

择诸作用之'强者''适者''优胜者'耳"。

在《宁化史稿》中收录了几个不同版本的葛藤坑传说，都大同小异，从不同方面做了解读。但这个小异，笔者在这里补充一点，妇女所背的孩子另一说为朋友所托，葛藤在逃难过程中一路悬挂。事实上，葛藤是一种喜温暖湿润环境的藤本植物，多长在斜坡、丘陵边上，以及沙土、潮湿的水源旁边，耐寒、抗旱，在东南、西南地区普遍生长。葛藤是一种可充饥的食物，每年的3—5月嫩叶可做菜羹，秋冬季节，葛根淀粉可用来做各种食品。"葛藤不仅仅具有象征意义，而且始终是所有逃难者，或在大灾荒中，唯一的、最后的充饥的野生'口粮'。"① 葛藤花能够消炎去肿，是一种疗伤的药物，在逃难路上唾手可得。五华县有挂葛藤保平安的习俗，"每逢端午节，人们都要采葛藤或艾条代藤挂在门户上，以保全家平安。"②这则故事还体现了一些基本的儒家五常观。妇女为先兄"留血食"，是要求兄长必须有后，是一种"礼"的观念，这种观念与定居在葛藤坑比较相符。妇女背负的孩子为朋友所托的说法，是在陌生人际关系中必须要建立的一种"信"的观念，这样，在逃难的过程中才能够幸存下来。能够保很多人不杀，悬挂葛藤以避免杀身之祸，是一种朴素的"智慧"。黄巢不杀妇女与村民，被村妇的行为感化，反映的是对一种失序的社会希望被"仁""义"所规范的愿景。因此，葛藤坑的传说大致反映了一个从移民到定居的过程，也是从一个涣散的族群关系到一个逐渐团结的族群关系的过程，故事的建构者将"仁义礼智信"的五常观念巧妙地融合在故事中，希望可以用来化解族群矛盾，使族群团结一致。

## 三、历史家园的追溯

有学者认为客家普遍溯源石壁，这与史实不符，却包含着复杂而深刻

---

① 谭元亨：《客家文化史》，广州：华南理工大学出版社，2009年，第116页。
② 五华县政协文史研究室编：《五华文化志》，2005年，第264页。

的文化意蕴，可称之为"石壁现象"，它曲折地反映了客家民系形成过程中，移民与土著之间的矛盾斗争和融合同化。结果是强势文化在斗争和同化过程中起了主导作用，其中关键的因素是一元论的民族起源观点和根深蒂固的中原正统观念。① 这些曲折的移民融合过程，也被认为是客家创世纪的一个过程，其重要的节点就是葛藤坑的传说，"而葛藤坑，在此则有一个不同寻常的意义：客家人在此得到最后的拯救，其意义不亚于耶稣死后三日的复活。"② 每一个族群都有族群起源的神话，用以区分本族群与其他族群，并赋予族群成员独特社会认同的共享的历史经历，构成族群起源神话。③ 宁化石壁葛藤坑的传说正是客家族群的重要特质，可以区分有南雄珠玑巷传说的广府人，区分有洪洞大槐树传说的华北汉人。因此，沉淀了葛藤坑传说的石壁成为客家族群的历史家园。

从族群的神话起源来理解石壁，或许能更好地解释当代的客家联修谱为什么会突显、强化石壁，甚至编造它为途经之地的行为。"目前各姓氏可以确定为客家人的所编族谱，大多数均提到本宗支的先祖曾卜居福建宁化，甚而更具体说住在宁化石壁。因而客家人往往把入闽，甚而提到迁居石壁那一代先祖即奉为本宗支的始祖。"④ 这个观点来源于粤东刘氏族谱一位编修人员，它代表了当代客家族谱编修的一种石壁情结。

石壁作为可追溯的途经地出现在联修谱上，同时作为其历史的家园而被不断追溯。他们总会提供一些文献依据证明其祖先经过了石壁，或者直接记录某祖先在石壁（或宁化）定居，后转迁到现居住地，在其描述的过

---

① 谢重光：《客家普遍溯源于宁化石壁的文化意蕴》，《汕头大学学报》（人文科学版），1999年第1期。

② 谭元亨：《客家圣典：一个大迁徙民系的文化史》，广州：广东高等教育出版社，2012年，第42页。

③ 庄孔韶主编：《人类学概论》，北京：中国人民大学出版社，2006年，第309页。

④ 刘佑育：《探讨客家刘氏族谱的编纂历史和现状》，http://user.qzone.qq.com/760392469/2，2015年11月23日。刘佑育，生于1940年，自费编纂《广东省揭西县河婆地区刘氏统宗联谱》，先后在刘氏家谱网站发表《刘氏广传公出生年源流考辨》《刘氏广传公原名考辨》《刘氏三个支系有先祖广传公》《粤东客家刘氏族谱世系源流刍议》《初探开七公为始祖的客家刘氏谱牒文化》等文章。

程中既认真又富于情感色彩，以下将列举数例证明。

兴宁市《孙氏族谱》引《兴宁县志》："……赣闽粤开基祖孙俐原居汴梁陈州，唐僖宗时被选为百将，领兵于闽粤赣各地，屯兵江西虔化（今宁都县）。中和四年（884）乱平，封东平侯，定居于虔化。五世宣教迁福建宁化石壁，七世建邦迁浙江余姚。明永乐年间十四世伯传携四子迁广东兴宁东厢章峰堡，后携诸子返浙，仅第四子契全留居，为兴宁开基祖。"县志的记载，已经证明了祖先与石壁的关系，因此作为本次修谱的依据："这次族谱编委会的主编昌权叔，派人前往兴宁县府寻找《章峰堡孙氏族谱》原件，准备影印载入，作为谱牒史料。可惜尚未找到。但县志的载述，可见我们兴宁的开基祖是契全公。其溯源直接或间接皆与福建宁化石壁村来历有关。"①

兴宁市《客家刘氏宗谱》记载：开七公，生于南宋孝宗朝淳熙七年庚子前后，为唐末迁闽中代始祖祥公之十五代孙，又是广东客家梅、潮、循（今惠州）肇基大始祖。原籍福建汀州府宁化县石壁洞水口葛藤村，公迁入宁化县城。②

丰顺县《朱氏族谱》引《中华姓氏通书·朱姓》《粤桂朱氏源流》两书，经整理：我们丰顺肇基祖——丰山万五公，是朱熹第第一代孙，原籍福建汀州宁化县石壁村，宋末元初，为避战祸，迁来潮州府金山下仙坊巷，明永乐四年（1406）前后，才由潮州移居海阳之丰政都拔溪（丰顺县黄金镇清溪村）。③

五华县《客家邓氏族谱》记载：佐公后裔九十四世祖志斋公，自闽西宁化县禾口都石壁村于南宋宁宗庆元五年（1199）迁粤之东梅州松口堡开基。④

---

① 孙昌权主编：《孙氏族谱》，1995年，第9页。上海师范大学图书馆藏。
② 刘选仁主编：《客家刘氏宗谱》，2014年，第196页。兴宁刘选仁藏。
③ 朱柳湘主编：《朱氏族谱》，1996年，第24页。上海师范大学图书馆藏。
④ 邓华东主编：《客家邓氏族谱》，1996年，第201页。笔者藏。

平远县《黄氏族谱》引石壁村黄氏碑文录:"唐时已有黄氏籍居宁化。景升自宁化移居广东程乡。景升之子僚进士及第,嘉应州城里黄氏祠奉黄僚为祖。宋初一百一十九世峭山,官平章阁直学士兼刑部尚书,娶三妻生二十一子,分衍各地。其中有化由邵武迁居宁化石壁村。"①

平远县《韩氏族谱》引兴宁叶塘大韩屋族谱,将韩先将军确定为程乡始祖和一世祖:"我程乡之韩实出自昌黎系。昌黎至十五世祖胐公因安史之乱自昌黎棘城县携家避地徙居深州之博野,为相韩系始祖第十六世,讳先因建炎之难,扈驾南渡至越,由越入闽,家眷居宁化石壁村,本人转战闽粤,被封为粤海将军。"②

连平县《刘氏族谱》引《石龙刘氏族谱》:唐僖宗年间,天下变乱,黄巾军农民起义,客家人第二次南迁,我一百二十世祖祥公祖孙三代一起避难,受尽颠沛流离之苦,南徙到福建宁化县石壁洞,后随着形势变化,几代人又在闽、赣间迁回转徙。……御龙氏后裔我一百四十一世祖福保公慧眼识神龙,寻得石龙这块祥龙卧藏了千万年的向阳热土。③

梅县《梅县朱氏族谱》引《中华姓氏通书》等资料:我们终于进一步查明,居住在梅县范围内的朱氏苗裔都是由福建辗转迁徙来梅。一部分是文公后裔,友龙公元末明初由福建建阳经宁化到江西吉安,再迁移至兴宁,而播迁至今畲坑、水车、径义、梅南、瑶上等地开基立业;……一部分是定诚公的裔孙,以元益公为始祖,元末明初,由福建莆田经宁化,而至梅县丙村小河唇通洲坝开基立业。④

梅县《梅县畲江李氏族谱》首次编修,无旧谱可循,参照五华、兴宁李氏族谱资料,本谱祖辈在畲江落基,不论来自何方,不分房系,凡姓李者皆可列入《梅县畲江李氏族谱》,尊李火德为祖,"他出生在宁化石壁。

---

① 黄远屏主修:《黄氏族谱》,2004 年,第 21 – 22 页。上海师范大学图书馆藏。
② 韩冠珍、韩程德主编:《韩氏族谱》,2002 年,第 17 页。上海师范大学图书馆藏。
③ 刘禄源主编:《刘氏族谱》,1999 年,第 76 页。上海师范大学图书馆藏。
④ 朱明主编:《梅县朱氏族谱》,1998 年,第 16 – 17 页。上海师范大学图书馆藏。

父亲李珠宋朝付榜职务，是官家子弟、知书识礼的人，任过宁化县文学教谕，因宋兵乱，携妻伍氏从宁化石壁搬迁到上杭稔田乡丰朗村开基。"①

宁化县《曹氏族谱》记载：古时谯郡有我曹氏淑良公，传至十三世振荣公，约在北宋徽宗年间辗转南迁至今福建省宁化县石壁乡定居，是我族在闽粤赣各支系的先祖。②

《中华谢氏宗谱·江西于都卷》记载：（缵公四十一世）副中，号廷，宋亡入福建宁化县。③

《赣县钟氏志》记载：八十三世钟贤，字节公，号希贤，简三子，生于东晋孝武帝太元二十年（395）五月初五，晋末任扬州都督，智勇双全。渡江后在江西宁都州竹坝斜立家，为入赣始祖。不久奉诏入闽，任建州黄连令，携家带子朝，居宁化石壁村，故也为入闽始祖。④ 黄连在唐乾封二年（667）才设镇，因此谱中提到晋末任黄连令，是编谱者的一种历史虚构。

## 第二节　联修与祖先追溯

族群的形成与移民有密切关系。类型不同的文化、相互隔离的单一族群从独立存在进入交融和渗透状态，很大的一个原因就是移民。⑤ 本书绪论中提到，以罗香林为代表的学者在 20 世纪 30 年代提出客家是北方汉族里头的一个支派，并划分了五次南迁的历史时期，在学界影响深远，在客

　　① 李佛佑主编：《梅县畲江李氏族谱》，2001 年，第 24、114、130、522 页。上海师范大学图书馆藏。
　　② 宁化客家研究会编：《曹氏族谱：法广公平远支系》，2003 年，第 1 页。上海师范大学图书馆藏。
　　③ 谢义荣主编：《中华谢氏宗谱·江西于都卷》，2013 年，第 154 页。赣州品新印刷厂藏。
　　④ 钟名樑主编：《赣县钟氏志》，2009 年，第 80 页。赣州品新印刷厂藏。
　　⑤ 周大鸣：《多元与共融：族群研究的理论与实践》，北京：商务印书馆，2011 年，第 34 页。

家群体中获得强烈的认同。直到 1992 年还有客籍人士组织海内外的客家精英支持这一观点，并出版了《中国客家民系研究》。[1] 房学嘉于 1994 年提出客家共同体由古越族遗民中的一支与历史上南迁的中原人融合、汉化而形成的观点，[2] 由此引发了陈支平、谢重光等学者对客家源流的再探讨。但这种客家来源多元说的观点并不为客家精英所乐见，一部分客家精英组织撰写了"客家根在中原"的文章，以维护罗香林的传统学术。[3] 各宗亲联谊会在组织编写联修谱时，依然存在北方先民是正统的意识，于是以北民南迁为基本逻辑重整宗族迁徙历史，主张并坚守客家人的北方汉民血统。这种观念体现在当代联修谱上的一个特点是：南方、北方的祖先分类清晰，并且都是通过世系关系将这种不同时段、不同地域的祖先联系在一起。北方祖先多以直系系谱的方式将其追溯编成世系图，南方祖先以直系系谱与直旁系系谱相结合的方式记录。可以根据对直旁系展开的详略进行三方面的分类，第一以追溯北方直系祖先为主，以南方祖先直旁系的简略展开为副；第二以北方直系祖先为副，以南方祖先直旁系的详尽展开为主；第三是以对南北祖先并重的追溯联修。

## 一、北方祖籍地与祖先的追认

北方历代祖先的追溯远可上溯到得姓始祖或人文始祖，然后形成一个直系祖先，并且尽量将直系祖先与帝王将相及有功名的人员予以整合。南方祖先则是从南迁祖先至入闽（或入粤、入赣）始祖之间进行有限的追溯。

先看粤东发起联修的案例。如粤东五华邓氏联修，将北方祖先按时段、区域编成了五个世系章，南方祖先四个世系章，前八章以直系系谱拟制，第九章进入直旁系拟制。将其情况整理如下：第一章南阳开宗大事

---

① 邱权政主编：《中国客家民系研究》，北京：中国工人出版社，1992 年。
② 房学嘉：《客家源流探奥》，广州：广东高等教育出版社，1994 年，第 155 页。
③ 福建省客家研究联谊会编：《客家研究核心认同汉族民系》，内部资料，2010 年。

记，商朝至战国时期以河南为范围，邓曼得姓封爵，尊为一世，其后的 21 位贵族、13 位朝廷臣子，被追溯为二世至三十五世；第二章河东邓氏世系大事记，战国至秦朝以天津为范围，追溯了三十六世至四十世；第三章西汉功臣世系大事记，将四川邓氏敏公，河南通公、奎公、广汉公、锦公、明公 6 人尊为四十一世至四十六世；第四章东汉功臣世系大事记，将东汉河南 13 位有功名之人尊为四十七世至六十世；第五章湘湖邓氏世系大事记，将东晋至南朝湖北的 7 位功名人士尊为六十一世至六十七世；第六章河北邓氏世系大事记，将南朝至唐朝的 7 位官员及他们的裔孙尊为六十八世至八十四世；第七章福建邓氏世系大事记，尊北宋进士绾公为入闽始祖，列第八十五世，将北宋的其他 5 位进士、1 位贡生、1 位廪贡元尊为八十六世至九十二世；第八章广东邓氏世系大事记，尊南宋时期从宁化石壁迁入的太乙公为入粤始祖，传至 4 代，尊为九十三世至九十六世；第九章太乙公九大房系，对第八章中的祖先做了一个旁系的展开，太乙公九大房的文公、行公、恭公、敬公、仁公、义公、礼公、智公、信公，被迁入广东、江西、福建、广西、湖南、台湾的 29 个县市的开基祖追认为 9 个支祖，支祖与开基祖之间做了一个简要说明。①

总之，上述九十六世基本是以直系祖先系谱形式完成的追溯，但对其北方的七十七世祖先显然是经过了精心的选择与安排，大部分给定了功名，并且尽量与王公贵族联系在一起，其中西汉、东汉的功臣世系章就是其精心安排的结果。南方祖先占了十九世，九十六世中有九十三世都以直系追溯为主，最后三世进行了旁系的拟制。

类似的祖先追溯在此再举一例。如粤东兴宁发起的以粤东、粤北、赣南为中心的刘氏联修，北方祖先从远古祖先刘源明到唐末刘祥共一百二十世，按时段、地域进行了一个直系世系的安排。远古祖先一世至二世在山西，夏代三世至二十世在山西，商代二十一世至四十四世在山西，周代四

① 邓华东主编：《客家邓氏族谱》，1996 年，第 121 – 183 页。笔者藏。

十五世至五十七世主要在陕西、山东，春秋战国五十八世至七十三世主要在山西，秦代七十四世在陕西，汉代七十五世至九十四世主要在陕西、江苏，三国九十五世至九十六世主要在四川，晋代九十七世至一百〇二世在河南，南北朝至隋朝一百〇三世至一百〇九世在河南，唐代一百一十世至一百二十世主要在四川、江苏、河南，其中一百二十世刘祥从河南洛阳迁入福建宁化石壁。五代十国至两宋一百二十一世至一百三十四世在福建宁化。一百三十四世龙公生九子，其中一子开七公于南宋从宁化石壁进入粤东兴宁岗背开基。本次联修完成的南方祖先追溯是一百二十世刘祥至一百三十四世刘龙，祥公被尊为刘氏南迁始祖，也被尊为刘氏客家始祖，一百三十五世开七公被尊为梅州、潮州、惠州、赣州客家肇基大始祖。南宋一世开七，二世广传，元代三世至十三世在客家聚居区分布，从 3 房至 14 房派开始进入直旁系的记录。①

本案例的北方祖先的详细之处表现为汉代至三国的七十五世至九十六世，就是从刘邦至刘备父子之间的世代拟制，帝王裔孙全是客家刘氏的直系祖先。

赣南发起的联修也有这种帝王将相追溯的倾向。如客家赖氏联修，尊赖忠诚为共祖，首先整理出赖忠诚的 12 位祖先，编修者认为他们应该与赖国国君相互关联，对赖国国君的世系进行了 14 个世代的追溯。但中原世系与赖国国君世系如何对接，并没有找到相关联的证据。现将其世脉整理如下：

受姓始祖颖公，轩辕二十九世孙，周文王第十九子，武王封公于赖国。

惠公，夫人刘氏，生子：宣。

宣公，夫人陈氏，生子：厉。

厉公，夫人尹氏，生子：平。

---

① 刘选仁主编：《客家刘氏宗谱》，2014 年，第 150－265 页。兴宁刘选仁藏。

平公，夫人熊氏，生子：桓。

桓公，夫人商氏，生子：敏。

敏公，夫人钟氏，生子：襄。

襄公，夫人添氏，生子：成。

成公，封赖成侯，夫人杨氏，生子：冲。

冲公，受封赖国，夫人彭氏，生子：章。

章公，封章田伯，加赠颍川郡伯玉世袭，夫人吴氏，生子：穆。

穆公，加封赖国昭王，招为驸马，生子：文。

文公，仕秦为文正侯，夫人赵氏，生子：添。

添公，夫人吕氏，夫妇合葬黎田口。

（以上十四世皆国君，迨十余世后始有赖先）

…………

先公，汉景帝时举为文学孝廉，官拜户部主事，夫人李氏，子一：先芝。

先芝公，西汉景帝三年官拜金紫银青光禄大夫，夫人尹氏，子一：好古。

好古公，西汉时封为秉公隐士，夫人高氏，子一：球。

球公，西汉桓帝时封为上柱国加赠文渊阁大学士、开国公，夫人张氏、王氏，子一：珠。

珠公，汉成帝鸿嘉三年官任京兆尹，夫人王氏，子一：妙通。

妙通。

忠郎。

真公。

评一郎。

深公。

童一郎。

功行。

忠诚。

三国末，忠诚自颍川霍州丰宁（今河南宝丰）徙揭阳之桴源（今赣南宁都肖田乡桴源村），为赣南宁都肖田客家赖氏始祖。

在上述的资料追溯中，存在诸多问题：①赖国的历史在学界还没有定论，其使用的赖颖到赖添前后相继的十四世只能存疑，没有做出任何说明；②赖国十四世后如何与赖先对接，臆测相隔了十几代，没有给出说明；③对于珠公与球公是否为同一人，他们自己存疑，但最终还是分为两代人处理。据朱绍侯考证，赖国灭亡后，子孙以国为姓，赖氏的族源就在河南息县包信镇。其遗民迁至鄢陵，后又分迁于各地，在汉唐时虽然也出现过几位知名人物，但官位不高，影响不大，所以赖姓在魏晋南北朝门阀当政时期，并没有成为高门望族。直到宋朝才发展起来。形成南康（治所江西赣州）、颍川（河南许昌）、河南（河南洛阳）三个郡望。三支望族中，颍川赖氏是由赖国直系遗民鄢陵赖氏发展起来的。① 在《客家赖氏联修族谱》中，赖忠诚既然是在三国末进入了赣州，裔孙遍布南方六省，应该与南康郡望相关联。但是在联修谱中，舍弃南康郡望，自动追认颍川郡望，直追北方赖国世系。这个案例表明，编修者无论能否找到世系上的证据，都不影响他们与北方祖先关系的判断。

## 二、南方移居地与祖先的认同

对南方祖先的详细描述主要表现在对其迁徙时间与线路的考证，以及如何与本次联修共尊的祖先联系在一起。对北方祖先的简略描述，在于进行必要的象征性的提示。

赣南温氏联修尊唐初迁至宁都的訰公为客家始祖，从訰公前追至东晋始迁至江西九江的峤公共十四世，是本次联修完成的南方祖先追溯，其详细之处表现在两方面：一方面，对本次追溯的南方祖先给出了一些特有名

① 朱绍侯：《赖国地望与赖姓起源》，《寻根》，1996年第2期，第39-40页。

称，如追溯峤公为南迁始祖，温皋裔孙称"南温"，温颙称赣闽粤客家始祖，温诫称赣南客家始祖。另一方面，给出了南方祖先清晰的迁徙线路与迁徙时间，如峤公于东晋咸和年间从山西太原进入江西九江为官，其十二世温皋于唐武德年间入籍浙江，十三世温颙于唐咸亨年间从浙江进入赣州为官，十四世温诫于唐开元年间为虔化县令，以此增加温氏南方祖先迁徙的"真实性"。在联修谱中还能看到很多其他南方的祖先，但从诫公至赣南各地开基祖之间的祖先，绝大部分来自联修的支谱中，并非本次联修的特有安排。

从峤公往前追溯至西周的唐叔虞共六十七世祖先，是本次联修整合的北方祖先，其简略之处就在于只给定了一个具有象征性意义的世系图，并且编修者将南北的八十一世祖先制成"叔虞公—诫公世系图"，世系连接只是象征着南方温氏来自北方。①

又如广东和平县的黄氏联修，通过梳理广东黄氏历史，对客家与非客家的黄氏做了一个比较，从而证明客家黄氏的文明。"考粤西黄氏，在唐穆宗时两广交界有黄蛮洞，酋长黄沙度，被营容奏为安南贼，象古命将兵三千讨伐失败，可见黄氏之众。……兵部韩愈奏朝廷称，黄蛮洞即西原蛮，属岭外世家，宜抚不宜剿。由是粤西黄氏，大抵多属这一支脉。……而粤东犹循州，多从闽赣梅江入粤、播迁而来。和平、龙川与赣南定南、寻乌之间为东江发源地，不少族姓沿江而下，辗转定居。……由于南迁入粤黄氏播迁各县人众，历代名人辈出。在近代人物中如梅州有举人出身任驻美旧金山总领事……"，② 北方祖先的梳理与世系对接，要表明的就是客家黄氏文明源自北方。

此类梳理祖先的方法，就是极力寻找有功名的南方祖先。福建宁化的张氏联修，尊隋末唐初进入广东曲江的君政为祖。这种舍近求远的做法，

---

① 《赣南客家温氏文化发展史》编委会编：《赣南客家温氏文化发展史》，南昌：江西人民出版社，2009 年，11－37 页。

② 黄再兴主编：《客家黄氏总谱》，1993 年，第 9－62 页。美国犹他州家谱图书馆藏。

只因为能从《新唐史》中找到唐朝宰相张九龄与君政之间有血缘关系，整个客家张氏就被编修者证明自己沿袭了中原文明。[①]

### 三、祖先建构的依据与类型

当代客家联宗谱对历史的追求主要表现在北民南迁史的粗略构建，赣南于都谢氏编委会的观点可以说是这方面的代表："大凡一群氏族之迁徙，除帝王封地赐邑外，多因氏族生生不息，枝叶繁茂，原聚居处，不足容纳，乃有向他地觅处聚居，以求生存，惟从历史举证及各氏族迁徙之史实，迫使氏族离乡背井者，莫过于天灾人祸、种族宗教迫害，造成群体大流窜，中外古今皆然，吾姓由北南迁，多起自明是朝流寇之乱。"[②] 这种观点大多体现在祖先直系的追溯上，从北到南的祖先形成一个直系系谱关系（即使是中间断裂也不影响他们在整体上对直系的理解）。总体上，北方祖先世系作为源头，体现出单一性，用单一的直系拟制来表现，南方祖先在各地开基繁衍，世系群繁杂多样，各自拟制追溯并放置于一个世系图上时，呈现出世代越低旁系越多、世代越高旁系越少的特点，最终是万流归宗并上接北方的直系祖先。具体如何操作，每个联修案例都有所不同，笔者按照其整理祖先世系的方法、依据，将其分为三个类型。

第一个类型：按地域处理各支祖世系。例如赣南谢氏整合，首先完成了18个县市的世系群统合，其完成的过程主要分为三个阶段。第一阶段先统一了北方远祖世系图，由赣南谢氏宗亲联谊会完成。从西周得姓始祖申伯到东晋谢衡的36代直系系谱。第二阶段是各县世系的整合，18个县市分别追溯赣南共祖谢衷的儿子奕、据、安、万、石、铁为支祖，就如第二章所提到的宁都谢氏联修案例。第三阶段是整合赣南世系群，合并处理第

① 张恩庭、张桢主编：福建省宁化县四修《张公君政总谱》，2002年，第37－252页。石城张广东藏。

② 谢汇文主编：《中华谢氏总谱江西赣南联谱于都分谱》，2013年，第802页。赣州品新印刷厂藏。

一阶段的 18 个县市世系群，形成奕、据、安、万、石、铁 6 个支祖的世系群体，最后对接北方远祖世系图。通过这三个阶段的工作，最后完成了赣南谢氏裔孙与北方远祖的对接。这种整合既包含了从西周到近现代的祖先，也包含了从河南到江西的移民祖先。南北祖先在系谱上完成了对接后，对赣南谢氏的从北到南的移民过程也做了一个简要梳理。西晋末期的"永嘉之乱"，以第三十六世谢衡为代表的谢氏族人从中原进入浙江会稽始宁东山，谢衡被赣南裔孙尊为江南客家始祖。隋唐两朝，第三十八世的 6 个支祖后裔在赣南繁衍生息，唐末，谢氏从赣州东南县市进入闽西。①

第二个类型：按时段进行各支祖祖先世系的整理，最终呈现出南北祖先直系图。例如赣南钟氏，从东晋末期开始持续迁入，源流繁多，但为达到整合的目的，上溯两个得姓始祖，直至人文始祖黄帝。对南北方直系祖先世系按时段、地域分别做成了不同支系的世系表。现将其整理如下：

北方祖先世系从黄帝至南迁始祖的祖先分为两大时期。第一时期为远古至秦朝，祖先为黄帝至得姓始祖钟烈、钟接。世系表细分为两个时段，上一个时段是远古部落至商朝，祖先为黄帝至微子启，世系表见《黄帝至夏商先祖世系表》（一——三十三世），其祖先祖居地主要为陕西、山东、河南和内蒙古。下一个时段为商朝至秦朝，祖先为宋公稽到得姓始祖钟烈、钟接，世系表见《宋国时期历代祖先世系表》（三十四—六十世），第五十世开始分为两支，一支为五十一世伯涛至六十世烈公，烈公于战国时期在河南许州得姓；另一支为五十一世宗连至五十九世接公，接公于秦朝时期在河南许州得姓，他们的主要祖居地在河南。第二时期为战国至南朝，祖先为得姓始祖钟烈至南迁始祖钟贤，钟接至南迁始祖钟宠。钟烈世系见《钟姓烈系颍川时期先祖世系表》（六十一—八十三世），他们是从战国至东晋末期的祖先，其中八十三世钟贤为南迁始祖，他们的祖居地主要在河

① 谢汇文主编：《中华谢氏总谱江西赣南联谱》，2016 年，第 14 - 26、326 - 328、428 - 1092 页。赣州品新印刷厂藏。

南。第二分支接系世系见《钟姓接系在颍川时期先祖世系表》(五十九—八十一世)，他们是从秦朝至南朝梁国的祖先，其中的八十一世钟宠为南迁始祖，祖居地主要在河南。

紧接着是整合南方祖先世系。南方祖先世系分钟贤、钟宠两支。第一支钟贤于东晋末期从河南许州迁入江西宁都，尊为入赣始祖。其南方裔孙世系主要分布在福建与赣南两个地方，因此做了福建与赣南两个区域的不同世系表。福建支系世系表见《烈系钟贤在福建汀州时期世系表》(八十三—九十五世)，为南朝至唐宪宗时期，八十四世钟朝于南朝时期迁入福建汀州石壁村，尊入闽始祖。九十五世武公于唐宪宗时期迁入武平，又制成了《烈系钟武在福建武平象洞繁衍世系表》(唐宪宗至北宋时期，九十五—一百〇七世)。烈系裔孙于唐中期至清代主要在赣南聚居发展，于宋代开始枝繁叶茂。友文、友武、友勇、岱公等支系从宋代至清代世代在赣南发展，分支世系表见《友文公至赣南各县市开基祖世系表》(一百〇九—一百三十八世)、《友武公至赣南各县市开基祖世系表》(一百〇八—一百三十一世)、《友勇公至赣南各县市开基祖世系表》(一百〇六—一百三十五世)、《烈系礼公位下岱、峦、岳公至赣南各县市开基祖世系表》(一百〇五—一百二十八世)，睿公、逵公于明中期至清代世居赣南，分支世系表见《烈系睿公至赣南各县市开基祖世系表》(九十六—一百二十五世)、《烈系逵公位下敏、惠、节公至赣南各县市开基祖世系表》(九十四—一百四十一世)。第二支钟宠于南朝"侯景之乱"从河南长社迁入江西赣州，尊入赣始祖。从南朝进入赣南后，该支于唐朝开始进入宗族人口扩展期。分支世系表见《钟姓接系在兴国时期先祖世系表》(八十二—八十九世)、《钟姓接系宝公位下世系补充表》(六十七—一百一十八世)，绍景、绍高、绍京三大支系从唐初至清代，主要在赣南繁衍发展，分支世系见《接系绍景公位下至全南县开基祖世系表》(八十八—一百二十一世)、《接系绍高公位下至赣南各县市开基祖世系表》(八十八—一百三十一世)、《绍徽公长子嘉乐公位下源流世系表》(八十八—一百一十四世)、

《接系绍京公次子嘉璧公至赣南各县市开基祖世系表》（分支世系见《天闻公位下八十八——一百二十三世系表》《天启公位下八十八——一百〇八世系表》）、《绍京公三子嘉咢公位下世系表》（分支世系见《自绵位下九十八——一百二十七世系表》《自泰位下九十九——一百二十一世系表》）、《绍京公三子嘉咢公位下光诚公至赣南各县市开基祖世系表》（南宋至清代时期，《闻远位下一百〇三——一百二十世系表》《文俊位下一百〇三——一百三十八世系表》《琦公位下一百〇一——一百三十世系表》）、《绍京公四子嘉玮公至赣南各县市开基祖世系表》（含6个分支世系表，《智春公位下八十八——一百三十一世系表》《广公位下一百一十七——一百二十三世系表》《世高公位下一百一十八——一百二十三世系表》《世文公位下一百一十八——一百二十三世系表》《京科公位下一百一十——一百二十六世系表》《京程公位下一百一十——一百二十五世系表》）。①

108

广东和平县刘氏联修，提供了大量的文献依据对南北祖先的迁移进行了整理。编修者查阅了广东兴宁、梅县、中山、顺德、新会、潮阳、仁化和肇庆图书馆的107本刘氏资料，又查阅方志资料《兴宁文史》《和平县志》《东莞县志》，参考工具书《辞源》，查看罗香林的《客家源流考》、范文澜的《中国通史简编》等学术著作，最后编成了《刘氏族谱》，将佛保公连接上了得姓始祖，连上了南宋迁入兴宁的开基祖刘开七、唐朝迁入福建宁化的刘祥公、御龙氏刘累、得姓始祖刘源明。最后整合出了远代世系（以唐尧时期山西的刘源明为得姓始祖）、上代世系（以商朝受封的河北刘累为一世）、中代世系（以唐末迁入福建宁化的刘祥为一世）、近代世系（以南宋迁入广东兴宁的刘开七为一世）、现代世系（以明代迁入广东和平县的刘佛保一世）五个时期相互对照的世系表，无旁系支脉，呈现出从北到南的理想型世系时段与迁徙过程，如表4-2所示。

---

① 钟蔚伦主编：《颍川堂赣南钟氏联修族谱》，2006年，第1-122页。赣州品新印刷厂藏。

表4-2　和平县刘氏部分源流世系整合情况①

| 远代世系 | 受姓始祖 | 二世 | 三世 | 四世 | …… |
|---|---|---|---|---|---|
| | 源明公 | 永和公 | 济乐公 | 岁纪公 | |
| 远代世系 | 十八世 | 十九世 | 二十世 | 二十一世 | …… |
| 上代世系 | 开基祖 | 二世 | 三世 | 四世 | …… |
| | 累公 | 昌益公 | 信盛公 | 詠八公 | |
| 上代世系 | 一百〇四世 | | | | |
| 中代世系 | 开基祖 | 二世 | 三世 | 四世 | |
| | 刘祥（入闽） | 天锡公 | 沐公 | 龙图公 | |
| 中代世系 | 十五世 | 十六世 | 十七世 | 十八世 | |
| 近代世系 | 开基祖 | 二世 | 三世 | 四世 | |
| | 开七（兴宁） | 广传公 | 巨海公 | 贵成公 | |
| 远代世系 | 百三十六世 | 百三十七世 | 百三十八世 | 百三十九世 | …… |
| 上代世系 | 百一十九世 | 百二十世 | 百二十一世 | 百二十二世 | |
| 中代世系 | 二十世 | 二十一世 | 二十二世 | 二十三世 | |
| 近代世系 | 六世 | 七世 | 八世 | 九世 | …… |
| 现代世系 | 开基祖 | …… | | | |
| | 佛保公 | …… | | | |

109

　　第三个类型：按"北民南迁"的地点、时间从无到有地创建南北祖先。此种类型为提供大量的文献依据以证明他们的来源是可信的。如广东梅县石扇镇廖氏在2011年完成了一次三支族人联修的案例，三位先祖对

---

　　① 根据《刘氏族谱》（刘振东主编，1993年，第1-3、6-71页），世系受姓祖刘源明开始为一世，而上代世系开始需要接续远代世系的第十八世累公，中代世系接续上代世系的第一百〇四世刘祥，近代世系接续中代世系的第十五世刘开七，现代世系接续近代世系的第六世刘佛保。从世系上看连续不断，以某个开基祖作为"某世代世系"的划分，把这些开基祖的时间与地点连接起来，就是一个从北到南迁徙的大致过程。

廷、天质、天福是清中期从梅城水南坝迁入开基，历史上没有编纂过族谱，试图通过合族的力量广泛搜集资料，建构一个与他们居住地点及客家身份相符的历史。通读他们的"族史"以及访谈其主编之后了解到，他们是根据各地族谱资料显示的地段始祖及迁入的先后时间，完成对各地段的迁入祖之间的世系考证，即从石扇镇开始倒追至梅县、梅州，福建上杭、宁化，浙江松阳，河南洛阳，最后形成一条由北向南迁的线路。现将他们对历史的编造过程记录如下：

第一，开基祖时间的确立。他们是石扇镇的人，而他们的祖先对廷、天质、天福是清中期进入石扇镇开基的，关于这点历史，他们是从祖坟碑中获得的，这是他们创建历史的起点。

第二，梅县、梅州的廖氏始祖是谁？他们认为自己进入石扇镇之前，是先进入梅州的，因此必须获取梅州廖氏的相关资料。他们找到了1999年编成的梅县、梅江区的《廖氏源流》作为主要依据，发现首先进入梅州的是南宋时期的仲远公，首先进入梅县的是明代的四六郎。

第三，梅州南宋仲远公是永定南宋花公的第几世？他们通过阅读1928年所编的《闽粤赣武威廖氏族谱》，发现自己与福建相关，在福建找到了1993年出版的《永定廖氏族谱》，但是《永定廖氏族谱》有两个版本，一个为清乾隆年间福建永定进士廖鸿章所撰，一个为清同治年间浙江玉邑的廖坤手抄。反复思考后，他们认为进士所写应该更可信，并且"看来大多数地区族谱均予采用"。于是，他们通过族谱上的资料衔接，有了仲远公是花公五世孙的结论。

第四，花公与子璋公第十六世裔孙之间的世系断裂，另找族谱弥补。他们在阅读1928年的《闽粤赣武威廖氏族谱》时发现，其中"只录入子璋公以下世系，立子璋公为一世，至花公时又自立一世。……祖系源流遗漏不少"。子璋公到四十一郎之间只有16个世代，接下来就是花公自立一世，四十一郎与花公之间相差多少代并不清楚。他们在《闽粤赣武威廖氏族谱》中发现一处提示——"失考三代"，于是前往福建宁化，江西赣县、于都、会昌查找资料，在其联修谱中找回了失考的三代，即国清、滔刚、元景。

虽弥补了三代，但是到底缺多少代还在继续考证。《闽粤赣武威廖氏族谱》虽然提示失考三代，但同时又指出有"250 年断代"。他们根据子璋公的第十六世四十一郎约生于公元 730 年，而花公约生于北宋元符三年（1100），重新计算为 400 年左右，但被算成 250 年，这引起了他们的质疑。他们自行找新证据，在瑞金找到了廖国椿（花公后裔）提供的 1995 年的族谱，发现他们之间的断代时间有 300 年。按 30 年一代计算，相差 10 代，即使按 250 年的断代时间算，也有 8 代以上。他们后来又在其他谱上找到了子璋第十四世光景公、第十五世琼宣公等人的资料，发现缺九代，减去弥补的三代，也缺六代，所以出现石扇镇谱上的"本谱暂定至此断六代，有待考证"。

第五，解决了从西晋子璋公到南宋花公的问题之后，他们又从唐尧的得姓始祖叔安公对接子璋公。他们根据找到的清代张澍编写的《姓氏寻源》等资料，以唐尧叔安为一世，到西晋子璋为六十八世，到唐朝的崇德为七十九世，至南宋上杭花公为九十四世，到南宋梅州仲远公为九十八世，到明代梅县的开基祖四六郎为一百世。①

主编廖思明提到，为了显示他们对各个祖先考证的成果，并将其体现在世代位置上。以唐尧为一世祖一直延续下来直至一百世，这样可以和全国廖氏对比，在此参照下第六十八世至第九十三世这段，在旁注明子璋为一世，直到二十六世，第九十四世至第一百世这段，注明上杭花公为一世，梅州的仲远公为五世，直至七世。这三段不同的世代都是进入广东之前的世系段，第一段的含义是对接廖氏之源，第二段是北民进入南方，第三段是南方继续南迁到了福建上杭。而仲远公又处在了福建进入广东的过

111

---

① 上述资料是根据 2011 年《梅县石扇油草岗廖氏族谱》中第 1–46 页的内容，加上笔者于 2015 年 9 月 25 日访谈主编廖思明综合写成。

渡世系段中。其部分世段结合其迁徙的文字描述，整合如下：

第一代，安叔（唐尧，居洛阳，廖氏之源）。

…………

第六十八代，一世子璋（西晋，居洛阳，为官进入南京）。

第六十九代，二世从宪。

第七十代，三世五桂（东晋，世居洛阳，317 年迁浙江松阳）。

第七十一代，四世钦公（东晋，山西为官，384 年复迁松阳）。

…………

第七十九代，十二世崇德（唐朝，虔化县令，从松阳进入，被尊为广东客家廖氏远祖）。

…………

第八十三代，十六世四十一郎（唐末，避乱迁入福建宁化石壁，尊宁化为"客家人的母亲城"）。

…………

第九十四代，一世花公（南宋，与四十一郎隔 300 年，世代失考，先祖进入顺昌时间失考，宋亡后，从顺昌进入上杭，为上杭廖氏开基祖）。

…………

第九十八代，五世仲远（南宋末，镇守梅州，宋亡后，辗转宁化、上杭、永定之间，约 1276 年进入梅州，被尊为梅州廖氏开基祖）。

第一百代，七世四六郎（明初，进入梅县开基。生五子得贵、得秀、得明、得源、成文。裔孙分布于梅县、兴宁等地）。

以上是他们对从北方进入南方，然后辗转至梅州的几个主要先祖的事迹和他们之间世代的考证成果，尽管这中间有过六代的世系断裂，他们也很清楚某些祖先的迁徙过程无法考证了，但是依然不影响他们北民南迁的历史观，最后对每一阶段做了文字性的描述总结，将其各个阶段性的标题连接起来就是：根在中原、源自洛阳、复迁松阳、落户虔化、避乱宁化、转入顺昌、杭永（杭州、永定）开基、开拓梅州、建业梅州。①

  通过联修构建出来的北方祖先及部分南方祖先世系，既能够体现客家百氏的血缘源头在北方，又能够体现出客家文明的源头也在北方。因此，无论是北方祖先还是南方祖先，精心安排有功名的同姓族人为祖先，这样才能够展示本姓客家族人的优越性。这种客家的优越性和罗香林的研究存在关联，罗香林在《晋书·地理志》与《文献通考·舆地考》中提到的衣冠避难事迹，把"衣冠"解释为仕宦人家。② 这个历史解读，既是罗香林认为客家人的祖先来自北方的一个依据，也是把客家人描述为"中华民族里的精华"的一个根据。③ 这种逻辑，在后来的族谱上被加以利用，即在联宗谱上不惜通过编造族人的功名来强化祖先的社会地位。另外，对于南方祖先的迁移，也是尽量明晰他们的迁移时间、地点，以构成迁徙线路的明细化，从而证明他们祖先的"可信度"。

113

## 第三节 联修中的"客家祖先"

  学术界以客家方言的形成作为客家人形成的重要标志，族谱的编修者也受此影响，但又自行发展出了一套办法，就如上节所提到的联修中的祖先追溯一样，找出首批迁入者，追认其为"客家始祖""南迁祖"。这也是出于对联修共同祖先追溯的一个需要，但这个认定和通常所见的联宗共祖的认定有所不同。客家始祖的认定是当代客家联宗时在其整合客家宗族联修中出现的，这种设定的根据是首批客家先民进入南方或赣闽粤客家聚居

---

　① 廖思明主修：《梅县石扇油草岗廖氏族谱》，2011 年，第 24 – 28 页。上海师范大学图书馆藏。与开基祖对接的世系，以南宋上杭开基祖花公为一世，直到石扇镇开基祖对廷、天质、天福为第十三世。

　② 罗香林：《客家研究导论》，兴宁：广东省兴宁市永恒彩印厂，2003 年，第 53、99 页。

　③ 罗香林：《客家源流考》，北京：中国华侨出版公司，1989 年，第 4 页。

区，以石壁为代表，在迁徙线路上具有承上启下的意义，是获得了"客家"身份的开始。这是客家联修谱中出现的一种现象，或者说是一种趋势，把客家始祖、南迁祖的出现作为一个重要追溯点，从而依照一定的迁移时间与迁入地点完成自我构建的客家始祖，并将其作为追求的目标。

## 一、客家始祖的追认

在1949年之前编成的《崇正同人系谱》（赖际熙编）、《客家史料汇编》（罗香林编）中的族谱中，都没有见到"客家始祖""南迁祖"的名号。① 在1949年之后的新谱上，主要是20世纪90年代以来的联宗谱，开始出现有意的追溯、认定。这在赣南、闽西、粤东的联修谱上都有体现，如赣南宁都黄氏于2004年展开的全县联修，是以唐代咸通年间迁入福建邵武的峭山公为客家始祖完成的；赣南温氏于2009年进行的18个县市的联宗，是以唐开元年间进入江西宁都任职的温峤为始祖完成的；钟氏于2006年的联修，是以进入赣州的钟烈与钟接作为南迁始祖的名义整合了赣南18个县市的联修；赣南赖氏于2008年的联修，以三国末期迁入江西宁都的忠诚公为客家赖氏始祖，整合了赣南18个县市，广东河源、连平、和平、南雄、普宁、龙川、罗定，福建龙岩，广西新田，四川蓬安，台湾苗栗近50万赖氏子孙的164个支祖同谱联修；赣州各县的邱氏联修，以唐乾封年间迁入赣州的崇公为客家始祖；粤东梅县廖氏于2011年的联修，追认唐初的宁都县令廖崇德为"广东廖氏客家远祖"；刘氏于2014年的联修，以唐末的刘祥为客家始祖、刘开七为粤东客家始祖；闽西宁化张氏于2002年的联修，以唐初迁入广东曲江的君政公为客家始祖；傅氏于2004年的联修，将宋末迁入汀州府的以南作为南迁始祖。

上述客家始祖、南迁祖在联修实践中完成各自追溯，为弄清楚南迁的

---

① 中华人民共和国成立之前的族谱难以见到"客家"二字，笔者看见过一例萍乡的《黄氏家谱》（黄英德主修，1949年）讨论客家、客家话，自称为了声援广东的客家斗争。

首批代表有哪些，宁化客家宗亲联谊会还专门组织了各姓氏联谊会，确定了首批进入宁化的"客家始祖"名单，作为今后客家祭祖与编修通谱的一个重要参考。以下是按迁入时间追溯的 128 个姓的 170 多个客家始祖（或南迁祖）的名单：

东汉至隋代：邓大猷、邓德郎、邓忠郎、欧阳万春、邱礼郎、邱三郎、巫德一、巫罗俊、罗万发、罗令纪、蒙贵兴、管琦殷、管思藏、雷世宗、雷甫、廖忠。

唐代：江孟德、江野一郎、伍德普、马凯、刘祥、伊文敏、伊文景、邬成化、孔正经、贝顺丰、冯万二、陈苏、陈魁、张君政、张端、李茂郎、李珠、李火德、杜时发、杨用藩、官赝、高文辉、夏寿山、余兴祖、涂元举、涂元盛、胡万九郎、温同保、蒋纪、薛伯肇、薛伯启、黎侨、黎度、赖标、赖桂、龚志远、练友明、范坤、范俊祥、邹松柏、唐汴公、游酢子为、魏祯、黄化、黄宁、时阅、施太定郎。

五代十国：王起凤、王玄郎、王十四郎、吴伯琏、吴宥、孙十郎、孙太郎、何大郎、郑彦华、彭福祥、郭福安、谢文乐、蓝继德、蓝有善、晏彪、张云虎。

北宋：方敬斋、田大郎、宋克昌、连祥、林文得、侯安国、童四郎、童万一、曾延耀、曾载阳、曾文兴、曾文举、曾纤惇、康亮、戴均钟、戴杏、蔡李通、蔡福粤、詹学传、曹明贵、谭伯苍、聂龙德、陆胤敬、萧理、简会益、柳庆郎。

南宋：石蠡扈、危赐郎、危建侯、阴厚、吕万春、池裕郎、上官潘、吕正大、吕十三郎、韩华瑛、华京一郎、卢处信、叶初郎、叶福祥、万善郎、汤庆可、朱万一郎、张瑞祯、张杨德、张化孙、沈椿、汪宣、易一郎、易二郎、易三郎、周奇桂、周四九郎、熊万珠、谌念一郎、卓赟、贾四郎、崔成章、袁德公、梁孟坚、俞思宇、腾学珠、潘进郎、潘法明、饶金水、徐一郎。

元代：龙云郎、刁殷、程洪范、揭文再、缪永宁。

明代：丁君荣、毛槐、阮文富、苏达德、房万宝、封广盛、修定富、姜旺、贾八郎、凌万圣、虞友纲。

清代至民国：宁发祥、任启星、段邦盛、单蔼钟、项朝福。

另有8姓祖先迁入时间不明：严文藻、幸登嵩、林文德、侯安国、贺万四郎、章万兴、韩崚、傅琳九、傅万金。①

以上祖先或许有虚构成分，但这并不影响前来祭祀的族人，"事实上，即便是在正统的宗族祭祀理论中，也并非完全不存在这类虚拟祖先的因素。"②

## 二、客家始祖追认的依据

上述追溯的依据在哪里？比较各族谱中谁最早进入，或者只要认同就行，还是刻意突出宁化石壁的重要性？现举宁化张氏的例子做一讨论，选择这个案例，是因为确定"客家始祖"名单的召集者是宁化客家宗亲联谊会会长张恩庭，他主编了宁化张氏联修谱，选这个案例具有重要的参考意义。从上述列举了张氏6人为客家始祖，张君政、张云虎、张端、张瑞祯、张杨德、张化孙。现对联修谱中张氏迁入宁化的祖先的基本情况做一个介绍。

从唐、宋、元、明不同时期迁入宁化的12个开基祖，情况分别为：

（1）淮土乡寒谷允伸支系，允伸公生于唐德宗贞元元年（785），原籍范阳（今河北涿州），官授幽州节度使。其子嵩生于唐宪宗元和二年（807），世居范阳，为武昌太守，因广明年间（880—881）黄巢攻破洪都，又攻陷吉安，嵩带家族300余人避居虔化（今江西宁都），后迁坡阳乡竹子坝（今石城县城），后徙田尾坑（今宁化寒谷村）。③允伸被后裔尊为寒

---

① 张恩庭编著：《石壁客家纪事》，香港：中国文化出版社，2011年，第137－141页。

② 钱杭：《关于同姓联宗组织的地缘性质》，《史林》，1998年第3期，第59页。

③ 张恩庭、张桢主编：《张公君政总谱·续集》，《寒谷允伸夫妇墓记与嵩公墓志铭》，2004年，第546页。石城张广东藏。

谷一世祖。

（2）石壁镇上市宣诚支系，宣诚公生于北宋元丰二年（1079），原籍南京应天府江宁县，幼子玄郎生于北宋崇宁五年（1106），与母迁徙清流铁石矶头，① 三世九秀徙居宁化白源，② 四世四郎于绍兴二十九年（1159）从清流迁到石壁上市开基立业。③ 宣城被后人尊为上市祠堂一世祖。

（3）石壁镇下市茂甫支系，茂甫公生于元仁宗延祐四年（1317），子文宝居石壁。茂甫被后裔尊为下市祠堂一世祖。④

（4）石壁镇桂林均茂支系，均茂公生于宋宝元元年（1038），随祖出任梅州知府，后迁宁化三寨小溪坝。⑤ 现被尊为石壁桂林祠堂一世祖。

（5）石壁溪背瑞祯支系，瑞祯为宋嘉定进士，官宣抚使，元兵扰境，诏公前讨，机失，谪守抚州乐安令，避寇来宁居家。⑥ 被后裔溪背族人尊为一世祖。

（6）曹坊乡水东文凤支系，文凤公于元祐元年（1086）赴任延平，任永安县知县，并于元祐年间（1086—1094）从赣入闽，后徙居于此，并被后裔尊为一世祖。⑦

（7）曹坊乡陂下小南坑念五支系，念五四世孙为显宗、应宗、惠宗。明代洪武年间，"二十一年任亨泰榜，张显宗，宁化人。……《寰宇志》

---

① 张恩庭、张桢主编：《张公君政总谱·续集》，《石壁上市宣诚公墓记与玄郎公墓记》，2004 年，第 550 页。石城张广东藏。

② 张桢主修：石壁上市《清河郡张氏十修族谱》，《张氏源流序》，1991 年。美国犹他州家谱图书馆藏。

③ 张恩庭、张桢主编：福建省宁化县四修《张公君政总谱》，《世系》，2002 年，第 86 页。石城张广东藏。

④ 张恩庭、张桢主编：福建省宁化县四修《张公君政总谱》，《茂甫公墓记》，2002 年，第 569 页。石城张广东藏。

⑤ 张恩庭、张桢主编：《张公君政总谱·续集》，《石壁均茂公墓记》，2004 年，第 549 页。石城张广东藏。

⑥ 张恩庭、张桢主编：福建省宁化县四修《张公君政总谱》，《禾口溪背一脉世系》，2002 年，第 52 页。石城张广东藏。

⑦ 张恩庭、张桢主编：《张公君政总谱·续集》，《曹坊水东文凤公祠记》，2004 年，第 541 – 542 页。石城张广东藏。

以为二十四年进士。"①

（8）河龙乡仁尚泰郎支系，泰郎生于北宋大观元年（1107），生日益、日光、日瑞，分别成为城关马山下祖、桂林仁尚与石城旸谷祖、宁化石城等处祖。②泰郎被尊为仁尚一世祖。

（9）城郊乡雷陑十三郎支系，十三郎原名十万公，居归化县。宋时被宋朝皇帝赐奉张十三郎义士忠烈报国大夫，特授福建省布政使。二世廿二郎迁清流高城，十二世孙祥进公生于明弘治五年（1492），因赋役繁多，习堪舆徙居宁化，十三世孙成献被城郊后裔尊为鼻祖。③十三郎被尊为远祖。

（10）方田乡迪春支系，迪春生大忠，大忠生五子，元至顺元年（1330）洪水漂屋，五子各迁一处：十一郎为禾寨陂坑、水尾上坑祖，十二郎为大岭、清邑、银坑、李沙坪祖，十三郎为大南坑、南城堡祖，十四郎为方溪、流坑、舡坑祖，十五郎为禾寨之上村、茶寮等处祖。④各开基祖都尊其祖父迪春为一世祖。

（11）安远乡张坊心佛支系，心佛于大元至正壬辰（1352）生，为张坊开基祖。⑤

（12）张化孙，尊为上杭张氏开基祖。南宋嘉泰四年（1204）从宁化石壁迁上杭城东距40华里之西洋村，建宅于官店前上吉街开基。共生18子。⑥

---

①（明）黄仲昭修纂：《八闽通志》（弘治二年）卷五十一，《选举》，福州：福建人民出版社，2006年，第274页。

②张运锡主修：石壁桂林《张氏十一修族谱》卷三，《泰郎公世传》，1990年。

③张恩庭、张桢主编：福建省宁化县四修《张公君政总谱》，《十三郎城郊雷陑一脉世系》，2002年，第59－60页。石城张广东藏。

④张恩庭、张桢主编：福建省宁化县四修《张公君政总谱》，《曹坊南城祖隆公一脉世系》，2002年，第163页。石城张广东藏。

⑤张恩庭、张桢主编：福建省宁化县四修《张公君政总谱》，《安远张坊一脉世系》，2002年，第46页。石城张广东藏。

⑥张恩庭、张桢主编：《张公君政总谱·续集》，《化公支系》，2004年，第24页。石城张广东藏。

（13）张端，宋末开始迁入福建宁化后，其裔孙遍及"闽粤赣三角地区。"①

（14）张云虎，又称张虎，五代天福年间省父年友于我汀，使君道取玉屏，爱其山川翁，返而举世家徙是。②

（15）张君政，我祖君政公是客家始祖张氏始祖，原居中州洛阳。唐初任韶州别驾，封南康伯，由洛阳举家迁广东始兴县，生六子：胄、卿、仲、慕、虔、猷。兄弟各衍他乡，胄、虔两公部分后裔已联系归宗合谱。③

（16）张睦，唐僖宗乾符三年（876）任光禄大夫，唐中和年间（881—884）入闽。④

从张氏联修谱中整理的资料来看，唐初进入广东曲江的张君政排第一，张允伸于唐广明年间进入宁化排第二，张睦于唐中和年间入闽排第三，张云虎于五代进入排第四，张宣诚于北宋进入石壁，张端、张均茂、张化孙于宋末进入宁化，张瑞祯于元朝进入宁化。张杨德在该联修谱中没有提及，但据上杭族谱，张杨德为张化孙的父亲，北宋末期迁入宁化石壁。⑤确定客家始祖的依据，如果简单地按时间先后的话，应该有张君政、张允伸、张睦、张云虎、张宣诚、张均茂、张杨德、张化孙、张端、张瑞祯。事实上，张睦、张宣诚、张均茂没有在名单之列。如果按迁入各地的首批族人代表计算，曲江的张君政、宁化的张允伸、上杭的张化孙三人就可以。如果按进入宁化的始祖计算，应该是张允伸、张云虎、张端、张瑞祯、张杨德、张宣诚、张均茂。无论按时间先后，或按各地开基祖，或按迁入某地的规则，都不符合本次入选"客家始祖"的依据。

---

① 张恩庭、张桢主编：《张公君政总谱·续集》，《源流》，2004年，第10页。石城张广东藏。
② 张恩庭、张桢主编：《张公君政总谱·续集》，《源流》，2004年，第51页。石城张广东藏。
③ 张庭恩、张桢主编：《张公君政总谱·续集》，《源流》，2004年，第10-11页。石城张广东藏。
④ 张庭恩、张桢主编：《张公君政总谱·续集》，《部分源流考》，2004年，第72页。石城张广东藏。
⑤ （清）张渤主编：《张氏族谱》，《杭川张氏源流》，1890年。美国犹他州家谱图书馆藏。

119

　　张恩庭在1994年主编过石壁《追远堂张氏族谱》，又在2002年开始主编宁化联修谱，"客家始祖"名单又是他作为客家宗亲联谊会会长主持确定的，资料也是他编入《石壁客家纪事》的。因此，张恩庭应该很清楚这些迁入祖的先后时间，也掌握了较多的其他支谱资料。从祖先的世系看，张云虎、张瑞祯都是张恩庭这一支系祖先，张允伸、张宣诚、张均茂是其他支系的祖先，6个祖先，除张君政外，都迁入了宁化或从宁化迁出。其依据应该是认同、进入或途经宁化、迁入的首批代表这三个因素。迁入的首批代表这一因素，在张恩庭主编的宁化张氏联修案例中，以曲江开基祖张君政作为客家始祖来统宗的做法能够得到说明。

　　宁化客家宗亲联谊会的这种追认方法，利用了"石壁"的特殊意义做出上述行为，也是地方利益所致。这种行为，也会在其他地方发生，如赣南宁都的孙氏联修，为将近代革命先驱孙中山的一位迁入宁都的祖先孙誗认定为客家始祖，地方上不惜以方志办的名义发起了一次宁都孙氏联修，其目的就是追认孙氏的客家始祖在宁都。为证明这点，他们查阅了江西、广东、福建、台湾等地11部族谱并进行对比，现将其追认的行为做部分摘录以证明。《雩邑孙氏联修族谱》：拙生我祖讳誗，号百将，居汴梁陈州，僖宗中和三年，因黄巢之乱，以公才武，选为承宣使，引兵游闽、越，抵江右，嗣略至虔化县。民皆安堵，父老遮道请留，遂定居之，即今赣之宁都是也。《兴宁官田孙氏族谱》：四十一世拙，字机玄，唐谓中书舍人，及两浙节度使。四十二世誗，号百将。为赣闽粤开基祖。《台湾乐安孙氏世系补考序》：孙拙，字机玄，有子曰孙誗，……以军功封东平侯，屯于虔州虔化县。最后，他们根据对孙誗南迁历史的考证总结如下："原籍河南颍川，为唐中书舍人孙拙之子。唐僖宗时，因黄巢起义，投笔从戎，引兵游击于闽越江右之间，以功封东平侯，遂定居于虔州虔化县。"在综合比较的情况下，由此证实"孙誗不仅是宁都孙氏的开基祖，亦为海内外客家民系中一支著姓的始祖""孙誗确为孙氏南迁始祖"。此外，还请出其他客家杰出人物写序或题词。

### 三、客家始祖追认的意义

客家始祖的追溯、认定不仅在联修谱中可以看到，还可以在客家姓氏联谊会的活动、方志的编纂中发现。

首先看族谱编纂者自己的看法。粤东兴宁刘氏："目前各姓氏可以确定为客家人的所编族谱，大多数均提到本宗支的先祖曾卜居福建宁化，甚而更具体说住在宁化石壁。因而客家人往往把入闽，甚而提到迁居石壁那一代先祖奉为本宗支的始祖。据不完全统计，客家人有二百多个姓氏是由宁化（有的直接说石壁）播衍到海内外各地，而且自宁化播衍各地的祖先，大都被奉为始祖、一世祖或开基祖。"[1] 赣南于都李氏："北方汉族人南迁历史记载很多，但客家先民由中原大批南迁开始在唐朝末期，并不是每次迁徙都是客家先民的迁徙，而是有严格区分的，一般认为五代以前的迁徙是闽粤先民的迁徙，五代至南宋时期的南迁，才是真正含义的客家人的迁徙。"[2]

刘善群认为应将祖先与石壁祖地联系起来，进入石壁的祖先即"客家身份"的发端者。[3] 吴福文从氏族迁移史的三个方面谈了对客家祖先的看法，第一方面，他们的宗族观念中对于宁化及石壁有一种潜意识的认同和兴趣；第二方面，客家本省的潜意识中，也认为自己留居宁化之后就是"客家人"了；第三方面，把中原移民流居宁化看作重要标志也更为妥当。综合起来就是"流经宁化及其石壁的中原移民大多是客家人的看法，有它不少的道理。尽管它不能成为界定客家人的唯一条件，但无疑是一个非常

---

① 刘佑育：《探讨客家刘氏族谱的编纂历史和现状》，http://user.qzone.qq.com/760392469/2，2015年11月23日。

② 李巧苏主编：《陇西郡李氏西平堂高滩支系九修族谱》，2014年，第3268页。赣州品新印刷厂藏。

③ 刘善群：《宁化史稿》，福州：福建教育出版社，2014年，第163页。

重要的依据。"①廖开顺从历代祖先的整体看，区分"客家先民""客家先祖""客家祖先"，"先民"是与特定的族群相对应的概念，"先祖""祖先"主要是针对宗族而言。"先民""先祖""祖先"在一定的语境中等同。先民具有血缘属性，重在其文化属性，因为族群的主要特征是文化。"先祖"一般是宗族血缘体中较远的"祖先"，主要是血缘属性，是个体的，有具体所指。"祖先"与祖宗含义接近，是比"先祖"世系更近的祖宗，它主要是血缘的、个体的、具体的概念。"祖先"比"先祖"的血缘更近，往往有家谱、族谱可查。并认为，石壁客家的"祖"首先是客家先民，并不是每一个地区都有客家先民。向赣闽粤客家聚居区方向迁移并参与了客家文化原创的才能称"客家先民"，并认为只有石壁才有"客家先民"，因为石壁是客家族群的发育、形成中心。"客家先祖"是相对从石壁外迁到其他地方（如梅州的"客家祖先"）而言的，客家祖先是相对于中原、江淮的先祖而定位的。形成了三个祖先的先后顺序，先有客家先民，再有客家先祖，后有客家祖先。②

族谱编修者的着眼点就在于自己作为客家人是从什么时候开始的，具体到某个时间点、某个地点、某个人上，是一种简单而直观的"客家身份"的建构。上述学者都具有福建籍背景，无论对"先民""先祖""祖先"的论述怎样，都是紧密结合石壁而言，真正的结论就是刘善群所指的"客家身份"的获得是从石壁开始的，但他们又局限在石壁的特殊作用中。从整体论述祖先的情况来看，罗勇、谢重光、王东等学者以南宋末期出现的客家方言作为判断客家族群形成的重要标志。因此，"客家身份"的获得应从族群形成的整体进行判断，这样才更具学术价值。

联修谱中的祖先追溯，大体上包含了北方祖先、南方祖先，根据上述

① 吴福文：《闽西客家文化事象举探》，见吴泽主编：《客家学研究》（第2辑），上海：上海人民出版社，1990年，第39—40页。
② 廖开顺：《对客家先民、先祖、祖先与石壁的概念阐析》，见张恩庭编著：《石壁客家纪事》，香港：中国文化出版社，2011年，第246—248页。

的讨论，北方祖先又以南迁祖为界限，南迁祖之前的祖先为姓氏祖先，南迁祖至进入客家聚居区之前的祖先为罗香林所指的"客家先民"，进入客家聚居区并会操持客家方言的首批客家人，才能称得上是"客家祖先"。至于客家先祖与客家祖先的区分，关系到赣闽粤移民的先后问题，这种问题的讨论未能兼顾许多客家先民先进入赣南后进入粤东，中间未经过福建而又操持客家方言这一事实。

作为联修谱中编纂者出现的这种追溯，不能简单地说是编造，或说是毫无意义。他们对客家始祖的认定，一方面显示了族人对"客家身份"的认同与建构，另一方面增加了族人讨论自身问题的话语权。这是作为具有客家族群背景的联宗所展示的与非客家聚居区联宗的目标追求的不同之处。

联宗放宽了对宗族世代"五世则迁"基本原则的限制。为了适应最大限度地包容某一地区同姓宗族的需要，联宗在对始祖的认定上采取了灵活和通融的方针，一般是只要愿意对某一个（或某一组）祖先表示认可，就被认为具备了参与联宗的资格。[①] 联宗共祖是联宗的最低限度，这个共祖是参与联修支祖的统宗，在客家聚居地的联宗，除了这个统宗的共祖之外，有部分联宗还表现出追认一个具有族群背景的姓氏共祖——客家始祖，每一个客家姓氏都可以追认，这个始祖可以用来联修时统宗。这个客家始祖和以往所谈的客家人的祖先在北方有所不同，他们是首批北民进入南方的祖先，被他们各自的裔孙追认为客家始祖，在身份上多了一个族群符号的外衣。这个"客家始祖"在世系谱上表现出族群文化的特性。在客家联宗谱中，包含着特定称号的客家始祖，试图以此来获得一个明确的、转折性的"客家身份"。相较于清末民国时期的客家人受到的排斥，此时的追认显示了客家族人在当代一种自觉、自信的状态。

---

① 钱杭：《血缘与地缘之间：中国历史上的联宗与联宗组织》，上海：上海社会科学院出版社，2001 年，第 259 页。

# 小　结

　　陈春声在阅读地方文献时提到，要更加富有同情心地解读历史资料与地方文献，理解当时人的生活与情感。[①] 阅读族谱文献时，要出于一种同情心去理解他们的表达与追求。本章提到的客家联宗的目标追求，是一群具有客家族群意识的编修者在做的一个"客家身份"建构的过程，也是对地域性文化价值观的追求过程。综合客家聚居区中赣南、闽西、粤东的各宗族联修，或同一姓氏的不同联修的信息，即能证明这一点。编修者主要从三个方面完成这个"客家身份"的建构：第一是对北方祖先的追溯，这是基于客家人主要是来自北方移民后裔的观念，这一北方汉族人的正统观念决定了客家人在联修中强化北方祖先。在编修者眼里，这是客家人形成的先决条件，也是对北方先民原籍地的认同，赣南、闽西、粤东的联修案例都能充分说明这一点。第二是对"客家始祖"（或"南迁祖"）开始于何时、何地、何人的描述，并锲而不舍地进行"考证"，是一种朴素直观的"客家身份"建构的表述，也是一种对移居地（赣南、闽西、粤东客家聚居地）的认同，能够通过赣南、闽西联修案例的对比进行说明。第三是对于祖先入住或途经石壁的追溯，因为石壁在形成客家族群中具有重要的历史家园意义，闽西、粤东的联修很突显这方面的建构。

　　编修者或侧重从某一方面进行客家身份的认同与建构，或兼具三个方面。梅县石扇的廖氏联修，从来没有族谱编写的历史，但建构了从北至南的迁徙过程，认同唐代宁都县令廖崇德为"广东客家始祖"，其祖先进入宁化，为完成这个历史追溯，他们进入粤东、赣南、闽西收集族谱资料并

---

　　① 山西大学中国社会史研究中心编：《中国社会史研究的理论与方法》，北京：北京大学出版社，2011年，第94页。

进行反复对比、考证，即使考证不清也依然不影响自己的判断、主张，这种联修对"客家身份"认同的执着，是这些联修案例对以建构"客家身份"为目标的一个突出代表。

# 第五章　族群认同的同姓联宗

第四章提到客家人将客家身份作为联宗时的文化价值观追求，本章将在此基础上结合赣南、闽西和粤东不同环境下同姓宗族不同族群的情况来分析。赣南因唐宋移民与清朝客家返迁，出现新、老客家之分，出现在客家族群亚类背景下新客家同姓宗族的联宗，以及客家族群大背景下新、老客家同姓宗族的联宗。粤东相比赣南、闽西，不仅接受客家移民，还有福佬人、广府人等，族群矛盾影响他们的联宗安排。闽西石壁因为在历史移民中形成了特殊地位，在地方政府与族群领袖的商榷中兴建了客家公祠，从而引发较为特别的个人联宗活动，这一活动具有一定的政治操控同姓个人联宗的含义。

## 第一节　赣南客家联宗与族群认同

罗香林对赣闽粤客住县做了一个纯客住县与非纯客住县的划分，本章着重关注他所提到的赣南纯客住县与非纯客住县的划分。罗香林对赣南的非纯客住县的划分依据是不同时期与不同地方迁入的人群的界定，即北方唐宋移民进入赣南占籍和明清以后自闽粤搬入赣南这两类人群。唐宋就占籍的是老客家，而明清以后搬去的人群与清代的迁界政策有关。为切断沿海居民与郑成功的联系，清政府迫使这些居民往内地搬迁，返迁远至赣南，他们在数量上完全超过了老客家，被老客家称为新客家。罗香林提到的纯客住县，正是从闽粤大量返迁的新客家人居住县，即上犹、崇义、大余、南康、信丰、安远、寻乌、龙南、定南和全南。①

接受唐宋移民较多的县是宁都、于都、兴国、赣县、石城、瑞金和会昌，同样有新客家的迁入，但比例相对均衡。魏礼在《与李邑侯书》中指出："宁都属乡六，上三乡皆土著，故永无变动。下三乡佃耕者悉属闽人，大都建宁、宁化之人十七八，上杭、连城居其二三，皆近在百余里山僻之产。"② 这种新、老客家交错杂居的县被罗香林划分为非纯客住县。赣南客住县的分布如图 5-1 所示。

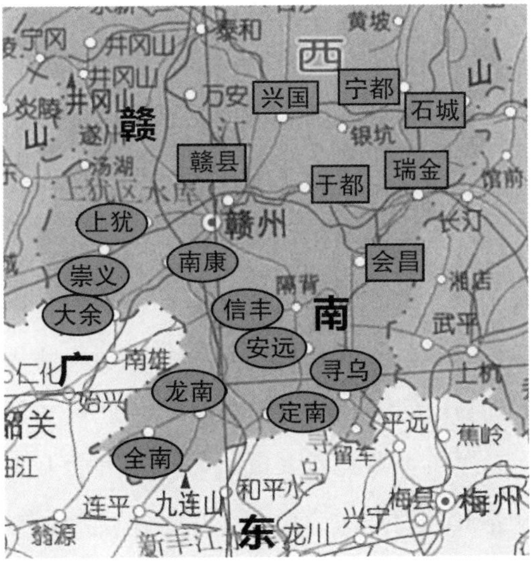

图 5-1　赣南纯客住县与非纯客住县分布③

客住县之所以这样划分，罗香林主要依据的是人群的来源，北方移民

① 罗香林：《客家研究导论》，兴宁：广东省兴宁市永恒彩印厂，2003 年，第 120 页。
② （清）杨锡龄等主修：《宁都直隶州志》（重印本），赣州：赣州地区志编纂委员会办公室，1987 年，第 772 页。
③ 该图根据《中国地图》（哈尔滨地图出版社，2014 年。比例尺1：7 080 000）改制，方框中的县市为非纯客住县，椭圆框中的为纯客住县。

列入客家范围，从其他地方进入的移民没有归入客家。这和他那时主张客家为北方汉人的血统观点有密切关联。罗香林经过进一步研究发现，这些新客家是北方移民，进入沿海后又返迁回来。所以即使按罗氏观点划分也还是客家，只是成了新客家。

## 一、清咸丰赣南温氏新客家联宗

历史原因造成的新、老客家在赣南的分布局面，在编修族谱时既能够看出他们的边界，也能够因不同的场景利益而进行切换。以下就赣南温氏先后两次的联宗情况做一个分析。

赣南上犹、南康、崇义温氏在清咸丰二年（1852）进行了一次合族修谱，参修成员的开基祖大都来自广东、福建。

上犹县共有7个支系参修，"宗伦公于明末携二子从广东嘉应州长乐县白水磜丁丑村迁至江西省南安府上犹县油石堡水村甲牛形开基"，"怀南公于清顺治年间，自广东嘉应州长乐县莲塘下迁至江西省南安府油石乡梅岭下创业"，"怀良、怀宁兄弟于明代末年自广东和平县虎头寨迁至江西省南郡犹邑赖塘隘丰田甲李小溪创业"，"怀舜公于清乾隆年间，自福建上杭移居江西南安府上犹县山门隘观前内甲白坟坑创业"，"怀卢、怀虚兄弟自广东河源县石湖迁至江西省南康县老鼠咀暂住，再前上犹县童子里坛前坳下"，"怀懋于清顺治年间自广东嘉应州长乐县山坑塘迁至江西省南安府上犹县淡平隘坛前甲杨梅坑创业"，"怀寿公于康熙十八年（1679），自闽汀上杭兰家渡银巷里坪上始迁江西省南安府上犹县白石下，又迁山门隘和尚坝将马排，……再迁至江口甲西龙尾创业"。

南康有怀俭支系参修，"明末于广东惠州府河源县迁至江西南郡康邑担柴堡牛鼻石谢屋场开基"。

崇义怀宁十一世孙兴富公"从上游县油石乡塘角村桃源坑迁入崇义县铅厂镇石罗村居住"。本次联宗对开基祖迁入的时间不分先后，将他们统一为"怀"字辈，因此在联谱上出现怀伦、怀南、怀良、怀宁、怀舜、怀卢、怀虚、怀懋、怀寿、怀俭，形成一组同辈分的开基祖。①

　　以上温氏开基祖多来自广东、福建，本次通过统一字辈将不同开基祖统一起来，使得他们完全处于一种平等的关系。至于他们为什么要进行联宗，可以从当时当地的社会环境出发进行探讨。

　　据笔者的调查，上犹至今仍保留了新、老客家不和谐的痕迹。农历七月十五是中国传统的中元节，上犹在这个节日分为七月十四与七月十五两个时间点，新客家在七月十四祭祖，老客家在七月十五祭祖。据新客家解释，明末清初从广东、福建迁到上犹时，受到老客家的排挤，那时物资也很匮乏，在七月十五时新客家在墟上买不到猪肉祭祖，由此引发了新、老客家的矛盾。为长远地解决这种矛盾，经过新、老客家的商议，老客家提前一天象征性地杀一两头猪，新客家相应地提前一天祭祖。据老客家解释，新客家之所以提前一天过节，是因为新客家的祖宗没有葬在本地，他们将纸钱用自制信封（如图5－2所示）包好，上面写上祖宗的地点及姓名，并在七月十四烧化，由此象征性地寄给他们的祖先，第二天即七月十五刚好收到。②

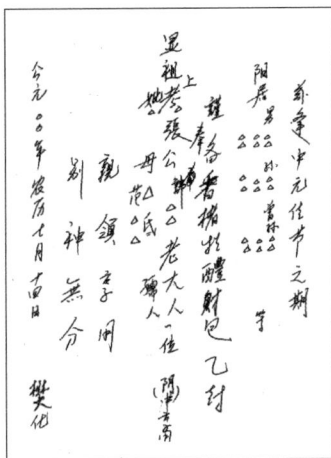

图5－2　上犹新客家中元节
纸钱信封正面③

　　以上是一则因新客家移民的进入而导致物资紧张，从而产生了新的风俗的例证。以下一则的社会矛盾是因为土著将新客家当作流民、暴徒并抢夺社会资源的对立面。

---

　　① 《赣南客家温氏文化发展史》编委会编：《赣南客家温氏文化发展史》，南昌：江西人民出版社，2009年，第164、193－197、204页。

　　② 笔者根据2015年1月10日对上犹新客家张权、老客家骆玉梅的访谈内容整理而成。用信封包好纸钱烧化的习俗，在张权处得到了印证。新客家被老客家于七月十五排斥砍猪肉的说法，基本得到老客家的认可。

　　③ 该信封正面为上犹新客家地理先生张权制作。

关于清代上犹的土客斗争，李伯勇提道："它（土籍）仍希望并依靠官府镇压和制服那些作乱的流民。土籍节节败退，而客籍利用朝廷'招垦'政策涌入营前已成阵势。土籍仍凭借资历和文化优势，如鼓吹仇恨意识；七月中元节以过十五为正宗，不跟客家一道过；把持科考户籍关，不让新客家入考而杜绝其进入社会主流的机会；规定不可以与新客家通婚联姻；不断游说官府对客籍采取强狠措施；等等。"①

新客家为了进入主流社会，力争在科举上有所表现，这可以用当地流传的一个关于科举的故事来说明："过去营前童生参加县里科举考试要经有秀才地位以上的人领保。起初客籍人没有秀才，本地人不保客家子弟。有一胡姓客籍儒童，很聪明，装成傻呆呆，从小在外公家干活，很听话，叫干啥就干啥，深得外公喜欢。晚上外公教其读书，他假装读不进去；作起文章来更是牛头不对马嘴。外公说：'人就还俊秀，就是唔会（客家话：不会）读书，甘笨！'小伙子实际不笨。他外公是领保，那年科考，他要外公保他去，说：'偓（客家话：我）明晓得考唔到，就是想到上犹玩几天。'他不断缠着外公。外公认为让他去风光几天也好，回来更安心干活。于是就保他去了。谁知一上考场，……竟考了全县第一名。……成了领保人，尽保客籍子弟。"② 笔者无意去考证这个故事的真实性有多少，但它能够反映新客家为了适应移居地而努力奋斗的历程。

以上历史情境大致能够说明新客家温氏为什么能够跨越宗族血缘关系联合崇义、南康修谱的原因，宗族的祖源、世系问题在这种情境下让位于地缘利益的需求。本案例的联宗没有安排一个共祖，其联宗的基础只是建立在同姓与同返迁的类似经历上，为应对共同的挑战，为了提高新客家同姓宗族在当地的社会地位，进而做出了一种生存需求的策略性选择。饶伟

---

① 李伯勇：《走向和解与融合：客家文化精神的延续和嬗变》，见陈卫国主编：《上犹文史资料》（第7辑），赣州：赣州市祥和印刷厂，2008年，第21页。
② 罗勇：《上犹营前镇的宗族社会与神明崇拜》，见罗勇、林晓平主编：《赣南庙会与民俗》，香港：国际客家学会，海外华人资料研究中心，法国远东学院，1998年，第338页。

新指出，在赣南土客关系紧张的情况下，联宗谱有助于强化同姓客民之间的认同意识和扩大其社会力量，也可以提高整个同姓宗族的地方社会地位。①

## 二、当代赣南温氏新、老客家联宗

赣南温氏 2009 年联合了赣州 18 个县市与抚州广昌县的 150 支共修，唐宋元迁入开基的老客家有 38 支，明清民国迁入（主要是粤东、闽西回迁）开基的新客家有 142 支，新、老客家聚居分布情况如表 5 - 1 所示。

表 5 - 1　赣南新、老客家分布情况②

| 聚居地 | 宁都 | 于都 | 石城 | 信丰 | 兴国 | 瑞金 | 赣县 | 章贡 | 南康 | 寻乌 |
|---|---|---|---|---|---|---|---|---|---|---|
| 老客 | 10 支 | 11 支 | 6 支 | 2 支 | 3 支 | 1 支 | 1 支 | 0 | 0 | 0 |
| 新客 | 0 | 18 支 | 1 支 | 5 支 | 34 支 | 2 支 | 17 支 | 16 支 | 12 支 | 4 支 |

| 聚居地 | 安远 | 会昌 | 定南 | 龙南 | 全南 | 上犹 | 大余 | 崇义 | 广昌 |
|---|---|---|---|---|---|---|---|---|---|
| 老客 | 1 支 | 0 | 1 支 | 0 | 2 支 | 0 | 0 | 0 | 0 |
| 新客 | 2 支 | 5 支 | 1 支 | 1 支 | 2 支 | 9 支 | 5 支 | 7 支 | 1 支 |

2009 年完成的新、老客家的联宗，将赣南客家文化区的温氏谱系进行了拟制，并提出了探求宗族源流与客家源流的关系。其大致情况是：追认唐初迁入赣南的温颙为始祖，其子詡，为唐虔化县令，孙如璋、如珪、如玉、如金，"如"字辈后裔主要散居在宁都、于都、石城、兴国、瑞金，迁居情况如下：

长房如璋公五世孙四郎迁太平长乐，生八平士、九平士。九平士徙中

---

① 饶伟新主编：《族谱研究》，北京：社会科学文献出版社，2013 年，第 271 - 286 页。
② 根据《赣南客家温氏文化发展史》（2009 年）第 44 - 206 页的内容统计而成。

团浆溪，八平士之裔孙钦秀公迁车头建村开族。

二房如珪公于唐天宝十三年（754）卜居于邑长安里虎溪，为于都温姓始祖。六世孙少四郎讳源宗，迁居虔化县石城场丰义里，为石城温氏始祖。二十四世孙延续，号德文，迁瑞金合龙山下开基。

三房如玉公居宁都城郊，如玉公十世孙八郎公分迁竹笮大富开基，十九世孙隆富、巧富、吉富三公迁兴国云山开基。

四房如金公五世孙瑱公，号九官人，于唐天复年间（901—904）从宁都县城迁居仁义乡松下里璜溪，为璜溪开基祖。

上述四房成了温氏新、老客家150支的支祖，为使他们成为一个整体，采用了制定统一字辈的方式进行整合，"中华方毓秀，家邦正兴贤。博学俊才杰，经纶庶超凡。处世和为上，树人德举先"。从温颢的第三十八世"中"字辈开始进行新旧字辈对照，如宁都老客家的如玉祖房，第一世"忠"字辈就对应了赣南统一字辈的"中"字辈，以便各宗族进行辈分比对。又如清咸丰制定的犹康崇联修辈分第四世的"俊"字辈，对应赣南统一字辈的"中"字辈。[①]

此外，本次联宗还特别提到探寻宗族源流与客家文化关系的目标："……但正如人们所知的那样，'客家文化'本来就是融合于具体的姓氏文化之中的，赣南姓氏文化则潜移默化地呈现了客家文化的丰富内涵，比如祖先的迁徙，本来就是客家的历史流迁；比如书中人物的性格、特质、奋斗、业绩，都是客家人精神、意志的体现；还比如族中的民俗风情、文物典籍、逸闻传说；等等，无不体现客家的人文风貌。"[②]

2009年的《赣南客家温氏文化发展史》一书，将历次联宗的支系、共祖、联辈等基本要素悉数呈现，并从历史的角度展示了温氏历次联宗的基

---

① 《赣南客家温氏文化发展史》编委会编：《赣南客家温氏文化发展史》，南昌：江西人民出版社，2009年，第36、40 – 42页。

② 《赣南客家温氏文化发展史》编委会编：《赣南客家温氏文化发展史·序言》，南昌：江西人民出版社，2009年，第3页。

本内容，试图从历史的纵向把握赣南温氏的源流发展；从联宗的地缘角度看，从 3 个县扩展到赣州 18 个县市与抚州广昌县，横向地缘的整合呈现扩大的趋势，最后的涵盖范围与赣南客家文化区基本吻合；通过联宗整合姓氏的历史源流体现出联宗对一个客家历史文化的追求。

## 三、联宗目标与族群背景

通过温氏前后两次联宗的对比，可以做出以下总结：第一，功利性目标转变为软性文化目标。清咸丰年间的新客家温氏联宗，是一次为改善移居的社会地位而进行的功利性联宗，当代的温氏新、老客家联宗，是从一个共同的客家文化源流出发进行的联宗，其联宗将新、老客家的宗族源流差别消弭，最终成为地域性的客家同姓联盟。第二，功利性目标联宗的地缘性被软性文化目标突破。赣南温氏前后两次的联宗，其联宗涉及的地理范围呈扩大趋势。清咸丰年间温氏联宗为紧邻粤北的上犹、崇义、南康，当代联宗调整为以赣南 18 个县市为主的地理范围。第三，对前后两次联宗的纵向对比，宗族联宗对象的选择与目标密切相关。清末的上犹、南康、崇义三地温氏联宗，清咸丰时期温氏只有新客家，基于当时生存斗争的需要，被迫与其他姓氏的老客家划清边界，结成新客家族群的地缘联盟，共同应对老客家的挑战。而 2009 年宁都发起的赣南温氏联宗是一种客家文化的需求，以图在源流上、共同的经历上呈现一种紧密的、趋同的客家认同目标，通过联宗使客家同姓关系显得更具有团结感。

这种类型的情况也体现于钟氏联宗，民国时期钟氏为了防御贼寇，进行了赣县、兴国的联宗，到了 2006 年，为了阐明自己都是从北方迁来的，赣南 18 个县市的钟氏族人共建了一个南迁总祠，这是基于一个共同的移民记忆而发生的联宗。

上述的联宗案例显示，宗族之间会基于共同的利益而寻找共同的纽带。在客家族群的人群性背景下，共同的移民背景与共同的生存环境都会被宗族当作可以利用的联宗依据。

# 第二节　粤东客家联修与族群边界

粤东客家联修如第四章提到的那样，多以追溯祖先移居过石壁作为客家移民的主张，将客家身份作为一种文化价值观进行追求。在部分客家联修的过程中，客家身份又作为一个宗族的背景，作为自我归类的一种符号。这种符号会表现出对客家同姓的吸引，同时也会表现出对同姓非客家的排斥。以下用粤东刘氏联宗案例予以证实。

## 一、刘氏联宗与方言群的选择

2014年兴宁刘氏发起14房联修，以梅州、潮州、惠州、赣南的客家刘氏聚居地为中心，联合闽西、浙江、贵州、湖南、湖北、云南、广西、海南、北京和山东的部分后裔，共尊南宋从宁化石壁迁入兴宁的刘开七为祖，上溯到唐末入闽开基的刘祥祖和得姓始祖。① 本次联修所涉及的地域虽然如此之广，但是具有系谱关系与地缘关系的潮州东津、普宁桂花篮的刘氏没有参与，因为他们之间是不同的群体："在粤东有潮州的'东津世系'、普宁的'桂花篮世系'，以开七公为入粤始祖的粤东客家刘氏族群。"②

从他们的直系祖先来看，东津世系与桂花篮世系的直系祖先刘祺与刘祥是兄弟关系。在梅县的刘氏谱中记录为："迨至晋朝永嘉之乱，永公裔孙随晋室渡江向江南一带迁徙。唐僖宗乾符二年至六年间，农民大起义领袖黄巢聚众起义，挥戈南下，时中原地区人民多避乱南迁至赣、闽、粤诸省。时有永公二十六世孙祥公，与兄祺、弟裡，亦南下避乱，兄弟三人中途失散。"③ 在东津、桂花篮的刘氏系谱也能证明他们是兄弟关系。至于没

---

① 刘选仁主编：《客家刘氏宗谱》，2014年，第64、188－266页。兴宁刘选仁藏。
② 刘选仁主编：《客家刘氏宗谱》，2014年，第64页。兴宁刘选仁藏。
③ 刘添元主编：《梅县刘氏族谱》，1996年，第2页。上海师范大学图书馆藏。

有参与联修的原因，据笔者调查，客家族谱的编修者称："潮州东津、普宁桂花篮的刘氏族裔是说潮州话（闽南语）的，与刘氏客家不同。"从语言的角度对族群分类后来看，这些说潮州话的是来自福建潮州、漳州的福佬人。

当时没能完成联修是由一场口水战导致的。客家族谱编修者曾到东津、普宁调查，要求刘氏福佬加入联修，这些福佬自称说潮州话的有1 000多万人口，要加入他们的联修有困难。前来负责联络的客家刘某气不过，说全国刘氏人口不过2 000余万，说他们吹牛太过。他们就这样失去了一次联修的机会。①

其实，若以方言来划分族群，同为刘选仁主编的刘氏刊物《广东刘氏》早在2012年就已经做了大致区分，将广东刘氏划分为粤语、客家语、闽南语三个群体，他们的分布分别为：

（1）粤语刘氏分为四个片区。①以广州为中心的区域。广州、南海、佛山、番禺、顺德、三水、清远、花都、增城、从化、龙门、佛冈、东莞、宝安、深圳、中山、珠海、英德、肇庆、高要、高明、鹤山、新兴、云浮、韶关、曲江、乐昌。②罗广片。四会、罗定、广宁、怀集、封开、德庆、郁南、阳山、连县、连山等。③高廉片。湛江、廉江、吴川、遂溪、阳江、阳春、阳西、茂名、电白、化州、高州、信宜。④四邑片。江门、新会、恩平、开平、台山、斗门、鹤山。

（2）闽南语分为两个支系。①潮汕话。汕头、潮州、潮阳、澄海、饶平、揭阳、揭西、汕尾、海丰、普宁、惠来、丰顺、陆丰、陆河。②雷州话。雷州、徐闻、湛江、廉江、遂溪、电白。

（3）客家话。梅州、梅县、兴宁、五华、蕉岭、大埔、平远、惠阳、惠东、博罗、河源、紫金、龙川、连平、和平、始兴、仁化、南雄、翁

135

---

① 据2015年12月10日电话访谈的资料整理而成，这一期间，说客语的刘某通过电子邮箱给笔者发来东津、桂花篮谱系。

源、乳源、新丰、丰顺、陆丰、揭西。①

从上述划分情况看，部分县市有重复的情况，如丰顺。这显示丰顺既有操闽南语的刘氏，又有操客家话的刘氏。对比《广东省志·方言志》，两者的方言片区划分大体相当。② 因此，刘选仁主编《广东刘氏》，很可能是参照了《广东省志·方言志》进行的群体方言分片，然后根据刘氏的具体情况做了微调。《广东刘氏》是由客家刘氏所编的刊物，所以方言群体的划分代表着客家刘氏对族群的分类依据。这个分类依据也为2014年刘选仁主编《客家刘氏宗谱》提供了一个方言划分宗族群体的基础。

## 二、刘氏联宗与族群恩怨

在历史上，操闽南话与操客家话的这两个族群曾经有过恩怨。明中叶以后，关于"山贼"和"饶贼"侵袭漳州的记载比比皆是。"山贼"指的是来自漳州府西部山区或汀州府山区的客家人，即过去福佬人蔑称的"山内客"或"客仔"；"饶贼"则指自饶平来犯的地方武装。饶平西北部山区也是客家人的居住区。"山贼""饶贼"进犯漳州福佬人，是站在福佬人的角度记述的福佬、客家两个族群的冲突历史。从汀州客家人的角度所说的"漳寇""潮寇"，则是站在客家人立场所做的客家人与福佬人历史恩怨和矛盾冲突的真实记录。③

罗香林也曾提到民国福佬与客家的一段恩怨，"民国初年，潮汕方面，福佬人士与客家发生龃龉，硬说那位新自台湾归国提倡革命的客侨林激真为台湾生番酋长，当时《民报》特为发表《正汕头台湾生番酋长说》一篇，条驳对方的谬论。"④

---

① 刘选仁主编：《广东刘氏》，2012年，第14-15页。兴宁刘选仁藏。
② 高华年主编：《广东省志·方言志》，广州：广东人民出版社，2004年，第12-14、277-278、402-403页。
③ 谢重光：《客家、福佬源流与族群关系研究》，北京：人民出版社，2013年，第180页。
④ 罗香林：《客家研究导论》，兴宁：广东省兴宁市永恒彩印厂，2003年，第8页。

　　客家并没有忘记福佬、客家的历史恩怨，粤东刘氏在联修谱上还附上了反映他们矛盾的"广东西路事件"，事件情况如下：

　　　　广东省于道光、咸丰年间，恩平、开平、增城、新宁（今台山）和广西贵县、武宣的客家，因与土民积不相容，互相攻击，两广大吏，不敢过问。至咸丰四年（公元 1854 年）恩平、开平、鹤山、新宁、高要等县的城池，屡为土匪所侵扰，地方官员无力干御，乃募客勇防守，屡建奇功。两广总督叶名琛，复令鹤山知县沈造舟统率客勇搜剿余匪。是时各地匪首及附匪无赖，散播谣言，谓客人挟官铲土，土人惑之，便引起"仇客分声"，乘机杀掠客民，客民起而报复，遂形成土客械斗的局面。这事件初起于咸丰六年（公元 1856 年），止于同治六年（公元 1867 年），前后达十二年之久，双方死伤及散失者合计超过五十万人以上。

　　　　这件事始发于鹤山。以后波及开平、恩平、高要、高明、阳春、新会，最后是新宁。相斗亦以新宁为最烈。至同治六年丁卯岁（公元 1867 年），广东巡抚蒋益沣始议令"土客联合"。划赤溪一厅互易田地，但是赤溪土地贫瘠，难以解决客家人的土地问题，于是官方拨款二十万两加上地方自筹资金分给客家人成年者每人八两，未成年者每人四两，每户发执照一份，让他们到高州、雷州、钦州、廉州请领荒地开垦，有大部分客家人沿南流江水路或西江水路入桂，或沿陆路迁入广西。另有部分客家人为了避免太平天国及西路事件影响，南移海南岛之儋县、定安、崖县、澄迈、临高、万宁、陵水、琼中等八县的山区，前后有万人左右到上述地区定居。①

---

　　① 刘选仁主编：《客家刘氏宗谱》，2014 年，第 131 页。兴宁刘选仁藏。可以对照罗香林《客家研究导论》中第 3 - 4 页对同一事件的记载阅读，部分言辞略有差异。

这本联宗谱对这段历史的记载并非孤例，编修于 2006 年的平远《刘氏总谱》同样保留了这段历史的记载。这段历史反映的是客家族群在移民、定居过程中与广府人、福佬人的矛盾。将这段恩怨放在联修谱上，成了福佬人与客家人没有完成本次联修的最好注脚。

## 三、联宗与族群边界

学界对如何界定"客家"存在多元观点，二十世纪初期以罗香林为代表的学者以北方汉族人后裔的血统论作为客家的划定，这种划定与罗香林所处的时代相关。那时的客家被广府人、闽南人嘲笑为未开化的野蛮之人，客家话被讥讽为鸟语，而他们自称为汉族人正统。在这种形势下，罗香林利用了国史与谱牒资料，力证客家是北方汉族人的后裔，为所谓的野蛮人正名。[①] 二十世纪末，房学嘉提出以南方少数民族作为客家的主体论之后，对罗氏的学术观点进行了较大的修正。但同时也说明，以血统论作为划分客家主体的依据存在一定局限。从引入族群理论之后，开始以文化来看待族群的边界问题，由此出现了以方言划分族群的转向。罗勇等学者以南宋末期在赣闽粤山区出现了客家方言作为客家的界定，王东的《那方山水那方人：客家源流新说》将客家看作方言群体而展开讨论。

以方言作为一个宗族的背景进行划分这本是无可厚非的事情，但在族群矛盾的背景下进行划分，就有了功利的一面。如客家刘氏将方言作为划分刘氏群体的依据，一方面表现出以文化差异作为自我归类的依据，另一方面是历史上的族群矛盾，尤其是作为在历史上受广府人、闽南人歧视的客家群体的历史，是导致粤东客家刘氏将方言作为同姓宗族分群的背景。2012 年的《广东刘氏》、2014 年的《客家刘氏宗谱》，前后两次都以方言作为同姓宗族的不同背景，2006 年、2014 年将族群矛盾的历史置于族谱中，突出同姓宗族的边界问题。2014 年的客家联宗在前两次联修的基础

---

① 罗香林：《客家研究导论》，兴宁：广东省兴宁市永恒彩印厂，2003 年。

上，强化了"客家"这一身份，在联宗时之所以不选择同一源流的潮汕"东津世系""桂花篮世系"，直接原因是这些宗族是不同的方言群体。这显示出在这个特殊的族群背景下，参与联宗的宗族资格并不只是认同共祖就可以，而是即使是所出同源的同姓宗族，也可能因族群背景的差异与历史恩怨被排斥。

## 第三节　闽西百氏祠堂与个人联宗

在当代客家研究中，最早将闽西作为客家迁徙的中转站进行讨论的学者来自台湾。陈运栋先生于其 20 世纪 70 年代的著作《客家人》中即对石壁在客家迁徙中的地位做了如下描述："今日客家的祖先大部分在石壁住过""梅州人之八九均经宁化县迁来""岭东之客家来自石壁村"。[①] 日本学者中川学等也在此时参与罗氏学术的讨论。[②] 在这些学术研究的推动和地方政府的主导下，客家族群领袖于 20 世纪 90 年代在闽西石壁兴建起客家祖地，吸引海内外的客家同姓族人、个人前往祭祀客家本姓始祖，表达出对客家同姓之源、祖先移居石壁的认同，因为有政府的参与，这一特殊的同姓个人联宗现象具有了政治上的认同。

### 一、客家百氏祠堂

20 世纪 80 年代以来，随着海内外寻根热的兴起，"海内外的一些姓氏派员带着族谱前来寻根觅祖，但时过境迁，有的姓氏找不到同宗的族人，也找不到原来记载的地址。"[③] 这些海外宗亲带着族谱前来宁化的记载未必

139

① 陈运栋：《客家人》，台北：联亚出版社，1980 年。

② ［日］河合洋尚、邱国锋主编：《日本客家研究的视角与方法：百年的轨迹》，北京：社会科学文献出版社，2013 年，第 38－40 页。

③ 张恩庭主编：《石壁客家纪事》，香港：中国文化出版社，2011 年，第 93－94 页。

真实，但回到内地寻找不到祖源地可能是真实的。宁化县计有 144 个姓氏，其中 59 姓还保有 219 个祠堂，各姓拥有祠堂情况是：张姓 49 个，巫姓 16 个，李姓 12 个，王、邱各 11 个，曾、吴各 9 个，罗、廖、黄各 6 个，谢、马、陈、杨、刘、上官各 4 个，伊、伍、温、郑、徐各 3 个，俞、雷、夏、邓、曹、范、傅各 2 个，阮、虞、朱、孙、丁、童、林、聂、涂、凌、连、池、何、危、毛、宁、封、腾、万、杜、萧、黎、谌、熊、江、方、邹、彭、赖、冯、柳各 1 个。作为最具客家象征意义的石壁，共留有 12 姓的 25 个祠堂，其中张姓 14 个，巫、吴、廖、谢、马、陈、刘、徐、雷、虞、朱各 1 个。①

以上姓氏是目前还居住在石壁的，还有不少已经完全移居他处的姓氏是难以统计的，此外还有回来找不到祖源地或无法祭祖的情况，至少还有 82 个姓未能提供祠堂祭祖，因此"如何让外来寻根者焚香、叩头……在石壁兴建'众家祠堂'的理念油然

图 5-3　石壁客家公祠

而生。"② 这个所谓的"众家祠堂"，就是将不同的姓氏祖先集中在一个祠堂供奉，即后来成为闽西客家祖地核心场所"客家公祠"（见图 5-3），也是当今海内外宗亲前来祭祖的场所。

笔者为方便讨论问题，将之称为"客家百氏祠堂"。它可容纳 300 多人同时祭祖，目前已经供奉了 151 个客家姓氏祖先牌位，中间还有客家总

140

---

① 张恩庭主编：《石壁客家纪事》，香港：中国文化出版社，2011 年，第 144-150 页。
② 张恩庭主编：《石壁客家纪事》，香港：中国文化出版社，2011 年，第 94 页。

始祖神位（见图5－4）。

图5－4　客家百氏祠堂祖先牌位

客家百氏的排列情况具体如表5－2所示。

表5－2　客家百氏祠堂供奉情况①

| 客家百氏祖先牌位 | 总牌位 | 客家百氏祖先牌位 |
|---|---|---|
| 詹翁俞萧邹古赖汤侯崔廖田阎卢邓唐郭吴王 | 客家始祖 | 李周何韩严苏叶汪谭白顾钱贺甘危幸饶涂阙 |
| 裴谌施阳庄蓝文黎孟毛熊姜潘蔡傅于罗孙刘 | | 张徐马冯许蒋余任邹康邵尹龚包池卓洪童管 |
| 缪温骆房阮伍刁常万秦陆方戴丁曾韦宋朱杨 | | 陈胡梁董沈贾杜范金邱龙易卜邢阴练官游腾 |
| 聂虞袁柯巫伊贝乔雷史孔姚钟薛吕曹谢林黄 | | 赵高郑程彭魏夏石郝江段武官华连柳莫简 |

---

① 表中资料依据石壁客家宗亲联谊会于1999年编纂的《客家祖地宁化石壁》整理而成。

表中 151 个客家姓氏祖先牌位于 1995 年祠堂落成时升座，并已经超过了宁化现有的 144 个姓氏。据石壁客家宗亲联谊会的介绍，随着海内外前来参拜宗亲的增多，目前供奉的客家姓氏还在增加中。为了提供一个"真实"的客家祖先，宁化石壁客家宗亲联谊会整理出 128 个姓 170 多个祖先的名字（祖先名字见本书第四章第三节中"客家始祖的追认"）。

## 二、客家百氏祠堂的祭祀

自 1995 年建成这个客家百氏祠堂以来，海内外客家宗亲陆续前来寻根祭祀，每年统一举行祭祀大典，到 2010 年为止，已经连续举办了十六届祭祖大典，接待了国内 19 个省、直辖市、自治区和海外 29 个国家与地区 50 余万人次的客家人。[1] 海内外客家宗亲祭祀专场如表 5-3 所示。

表 5-3　海内外客家宗亲与祭祀情况[2]

| 年份 | 海内外宗亲来源地 | 姓氏 | 人数 |
|---|---|---|---|
| 1995 | 新加坡、马来西亚、泰国、中国香港、中国台湾 | 曾、刘、黄、姚、陈、管、朱、萧、李、黎、林、彭 | 142 |
| 1996 | 美国、法国、缅甸、马来西亚、中国香港 | 曹、刘、杨、黄、郭、姚、张、钟、黎 | 400 |
| 1997 | 马来西亚、中国香港、新加坡、法国、中国台湾、泰国 | 姚、彭、黄、周、刘、罗、张、钟、黎 | 441 |
| 1998 | 马来西亚、法国、新加坡、泰国、越南、中国台湾、中国香港 | 姚、李、何、谢、詹、叶、贾 | 126 |
| 1999 | 马来西亚、新加坡、中国台湾 | 姚、钟、张、郑、黄 | 116 |
| 2000 | 法国、马来西亚、英国、印度尼西亚、日本、澳大利亚、缅甸、美国、中国香港、中国台湾 | 刘、姚、蓝、叶、张、陈、李、江、吴、管、温、邓 | 612 |

[1] 张恩庭主编：《石壁客家纪事》，香港：中国文化出版社，2011 年，第 95 页。
[2] 表中资料根据张恩庭主编的《石壁客家纪事》（2011 年）和 2013 年 8 月的访谈整理而成。

（续上表）

| 年份 | 海内外宗亲来源地 | 姓氏 | 人数 |
|---|---|---|---|
| 2001 | 马来西亚、新加坡、法国、中国台湾、中国香港 | 姚、温、邝、范、张 | 100 |
| 2002 | 马来西亚、中国香港、中国台湾 | 黄、李、刘、陈、蓝、罗、何、温、廖、林 | 190 |
| 2003 | 马来西亚 | 杨、钱 | 59 |
| 2004 | 马来西亚、泰国、加拿大、美国、毛里求斯、文莱、澳大利亚、印度尼西亚、中国台湾 | 吴、姚、蓝、蔡、周、苏、张、董、黄、古、刘、查、曾、杜、陈、温 | 445 |
| 2005 | 马来西亚、新加坡、加拿大、中国台湾、中国香港 | 何、蓝、姚、李、曾、邓、张、俞 | 332 |
| 2006 | 新加坡、马来西亚、中国台湾、中国香港 | 刘、饶、姚、萧、李、叶、钟、张 | 122 |
| 2007 | 马来西亚、新加坡、中国台湾、英国、泰国 | 姚、邱、朱、黄、蓝、何、杨、李、江、邓、董、范、简、汪 | 228 |
| 2008 | 泰国、马来西亚、中国香港 | 赖、姚 | 2 000 |
| 2009 | 马来西亚、印度尼西亚、加拿大、中国香港、中国台湾 | 黄、姚、邓、李、彭、张、吴、董、温、卢、刘、梁 | 500 |
| 2010 | 马来西亚、新加坡、中国台湾、中国香港 | 姚、朱、胡、伍、温、卢、李、刘、江、董、黄、彭、戴 | 175 |

在客家公祠举行联宗祭祖仪式时的程式如下：

鸣炮开堂

擂鼓

鸣金

奏乐

主祭生就位，陪祭生皆就位

整冠、鞠躬

主祭生向神位前敬祖，安位、安杯、安筷、献牲、献帛、鞠躬，平声复位。鞠躬、拜揖、叩首、再叩首，兴；鞠躬、拜揖、叩首、五叩首、六叩首，兴；鞠躬、拜揖、叩首、八叩首、九叩首，兴。

主祭生到香案前上香，鞠躬、拜揖、叩首、初上香、二上香、三上香、叩首，兴。鞠躬、平声复位。鞠躬、拜揖、叩首、再叩首、三叩首，兴；鞠躬、拜揖、叩首、五叩首、六叩首，兴；鞠躬、拜揖、叩首、八叩首、九叩首，兴。

主祭生到神位前献酒，鞠躬、拜揖、初献酒，二献酒、俯依举杯，息乐，读祭文、三献酒，叩首，兴；鞠躬，平声复位。鞠躬、拜揖、叩首、再叩首、三叩首，兴；鞠躬、拜揖、叩首、五叩首、六叩首，兴；鞠躬、拜揖、叩首、八叩首、九叩首，兴。

焚烧祭文　一鞠躬、二鞠躬、三鞠躬

奏乐

礼毕退班①

海内外宗亲祭祀团与历届祭祖大典主办情况如表5-4所示。

表5-4　海内外客家宗亲祭祀团主办情况②

| 祭祀日期 | 届次 | 海内外客家祭祀团 | 主祭生 | 主办方 |
| --- | --- | --- | --- | --- |
| 1995.11.28 | 1 | 8 | 姚美良 | 宁化县人民政府 |
| 1996.10.16 | 2 | 12 | 姚美良 | 宁化县人民政府 |
| 1997.10.16 | 3 | 12 | 姚美良 | 宁化县人民政府 |

① 福建省宁化石壁客家宗亲联谊会等编印：《客家祖地宁化石壁》，1999年，第66页。

② 根据《石壁客家纪事》中历届祭祖大典情况进行整理，表中日期为公历。

（续上表）

| 祭祀日期 | 届次 | 海内外客家祭祀团 | 主祭生 | 主办方 |
|---|---|---|---|---|
| 1998. 10. 16 | 4 | 8 | 姚美良 | 宁化县人民政府 |
| 1999. 10. 16 | 5 | 6 | 姚森良 | 宁化县人民政府 |
| 2000. 11. 22 | 6 | 20 | 姚森良 | 宁化县人民政府 |
| 2001. 10. 18 | 7 | 5 | 姚森良 | 宁化县人民政府 |
| 2002. 10. 16 | 8 | 11 | 姚森良 | 宁化县人民政府 |
| 2003. 10. 23 | 9 | 2 | 姚森良 | 宁化县人民政府 |
| 2004. 11. 22 | 10 | 15 | 吴德芳 | 宁化县人民政府 |
| 2005. 11. 15 | 11 | 5 | 姚森良 | 马来西亚客家公会联合会 |
| 2006. 11. 20 | 12 | 9 | 何侨生 | 新加坡南洋客属总会 |
| 2007. 11. 15 | 13 | 6 | 何炳彪 | 新加坡茶阳会馆 |
| 2008. 11. 12 | 14 | 5 | 赖锦廷 | 泰国客家公会 |
| 2009. 10. 16 | 15 | 13 | 黄石华 | 三明市人民政府 |
| 2010. 12. 2 | 16 | 17 | 伍世文 | 三明市人民政府 |

145

　　表中的主祭生姚美良为中国政协委员、香港南源永芳集团有限公司董事长，姚森良为马来西亚居銮客家公会会长，吴德芳为马来西亚客家公会联合会会长，何侨生为新加坡南洋客属总会会长，何炳彪为新加坡茶阳会馆总务主任，赖锦廷为泰国华侨领袖，黄石华为香港崇正总会会长，伍世文为旅台侨领。在这些族群领袖的参与带领下，印度尼西亚、英国、法国、美国、马来西亚、泰国，以及中国香港、台湾、广东、福建、浙江的客属团体、企业、个人等共捐资 919.4 万元，带动了祖地的教育、卫生、企业等方面的发展。①

　　上述祭祀团以族群领袖组织、闽西当地政府和海外客家社团主办的形式完成，通过个人联合祭祖的形式与捐资帮扶石壁的方式来表达对石壁祖

---

① 张恩庭主编：《石壁客家纪事》，香港：中国文化出版社，2011 年，第 170 - 177 页。

地的认同。

上述祭祀都是在公祭日中完成，同时还存在同姓的专场祭祀，这种祭祀通常是在非祭祀大典中进行的。如在 1999 年 10 月 25 日，闽、粤、赣三省十二县的罗氏宗亲 57 人前来祭祖；2002 年 10 月 4 日，在举行的巫罗俊公诞辰 1 420 周年纪念活动中，有来自澳大利亚、新西兰、英国和中国台湾、香港、广东、江西、四川、福建、湖南的巫氏宗亲 356 人，共同祭祀了这位隋朝进入宁化的客家祖先；2007 年 10 月 5 日，四川省巫氏宗亲团 46 人专门前来祭祖；2008 年 5 月 15 日，广东梁氏宗亲到客家祖地寻根问祖，"认定他们一支是从宁化石壁迁广东繁衍的，表示今后不忘祖，不忘根，常祭祖"。①

百氏祠堂在每年的祭祀大典上都有不同姓氏群体来祭祖，每年来祭祖的人都有所变化。其中的一个大前提是只要认同自己是客家人就具有祭祖的资格，同时各个姓氏都可以组合在一起祭祖。参与祭拜的人虽然素昧平生，但是都能够找到与自己对应的本姓祖先进行祭拜。从同一祖先的角度看，参与祭拜的人是血缘关系不清或毫无血缘关系的祭祀群体，但都遵循着"客家""同姓"这两个基本原则。这种祭祀场面虽混杂，但祭祀对象清晰可寻。另外，在祠堂中举行的专场祭祀更能说明同姓祭祀本祖的特点。

## 三、个人联宗与共祖祭祀

在石壁客家公祠中进行的联宗祭祀是客家同姓个人联宗祭祀的典型代表，但这并非说这种个人联宗祭祀只发生在这里，还可以从客家公祠之外找到依据。如赖氏祖先于三国末期进入赣南宁都，早于罗香林所指的"东晋至隋唐"的第一时期，他们也自称迁入客家聚居区的第一姓。赖氏子孙于 2007 年对南迁始祖举行祭祀，其参与祭祀的宗亲分别是广东泰重公、广

---

① 据《石壁客家纪事》记载整理而成。

东泰安公、广东得公3个代表团，赣南的18个县市代表团，客家赖氏联谊会代表团，动用了49部车辆。在祭祀中还将赖氏发展的情况写进了祭祖祝文中："窃思忠诚公在一千七百年前，由中原颍川南迁到揭阳县桴源，带来中原文化，与当地土著文化融为客家文化，使赖氏在南方生存发展。忠诚公乃客家赖氏始祖也。列宝公西晋永兴年元年仕浙，首次开拓客家赖氏新境。遇公东晋隆安二年冬，奏改松阳为郡，使客家赖氏新添郡望。……客家赖氏已播迁南方各省乃至海内外，形成一支优秀民系，为中华民族的文明与世界文明，作出了积极贡献。"① 当然，其中有以宗族团体形式参与的，也有以个人姓氏参与的。但不管哪种形式，都透露出"客家""同姓"参与联合祭祀的两个基本原则。

上述祭祀还可以分为常态化祭祀与非常态化祭祀。常态化祭祀就是在族群领袖的运作下，以农历为准设定了九月初五为公祭日，初六至月底为公祭月；以公历为准设定了10月16日为"世界客属石壁祖地祭祖大典日"，10月8日至11月8日为祭祖月。非常态化的祭祀是个人无论在什么时候来祭祀都不受上述设定的时间限制，也不必一定要到客家公祠进行，在本地的客家开基祖坟前举行联合祭祀即可。

不论是常态化还是非常态化的祭祀，不论是在客家百氏祠堂还是在其他客家聚居区祭拜的祖先，或许会遭到质疑的地方是祖先的虚构性，关于这点，已经有学者做出回应。该学者根据《仪礼·丧服》中的"尊者尊统上，卑者尊统下"认为，"祭祀者身份越高，所祭祀祖先就可距己越远，就能包含某种虚拟的成分"。因此，"即便是在正统的宗族祭祀理论中，也并非完全不存在这类虚拟祖先的因素。"② 虽然说来客家百氏祠堂的祭祀者身份都谈不上很高，但被祭拜的祖先被赋予了"客家始祖"的身份，并作为首批南迁的代表。在客家族群意识高涨的当代，其祖先自然要被神圣

---

① 赖观扬主编：《客家赖氏联修族谱》，2008年，第890页。上海图书馆藏。
② 钱杭：《关于同姓联宗组织的地缘性质》，《史林》，1998年第3期。

化，以符合当下祭拜者的心理需求。在客家百氏祠堂旁建的"客家之路""牌坊"专题都是对客家祖先的颂扬，虚拟成分被合理化、神圣化。作为祭拜者与被祭拜者之间的距离就被制造出来，但这种制造出来的距离可以起到团结同姓族人、个人的作用，目前常态化与非常态化的联宗祭祀就是例证。

## 四、客家百氏祠堂相关问题

关于联宗祠的地缘性功能问题。明清以来，无论是同姓联宗祠还是异姓联宗祠，通常都由具有地缘关系的宗族联合兴建，与地方政府并无关联，有时会遭到政府的压制。"联宗祠一类组织都不是通过政府的奖励而形成的。甚至在大多数情况下，联宗和联宗祠都会受到政府的压制。"原因是"联宗所形成的地缘性同姓网络，在一定条件下，可能会给封建官僚政治体制带来某些不利的影响。"① 而当代闽西出现的百氏联宗祠堂，是在地方政府的主导下，海内外客家社团与个人等捐资所兴建的，对客家宗族、族人、个人起到了团结作用，也带动了当地的发展。

关于联宗祠的祭祀权问题。一般来说，基于参加联宗自愿的一般性原则，联宗祠是参与筹建的人才被认为有资格来祭拜祖先，其供奉的祖先也是根据参与联宗的情况确定的，因此未参与筹建的人通常不愿或不便来祭拜，因而也可以认为具有一定的闭合性。来客家百氏祠堂祭祀的人至少认同自己是客家人，前来祭祀者能够找到与己对应的姓氏祖先，因为供奉的姓氏祖先可以随着前来祭拜姓氏的增多而增加，从而具有一定的开放性。

关于联宗祠祭祀者的参与形式问题。从祭祀本姓祖先的角度来看，具有同姓联宗祠的特点，但是，这种同姓联宗祠也只能认为是同姓个人联宗祭祀的场所，因为同姓祭祀者并不是以同姓宗族的单位参与，而是以同姓个人的身份参与。从多姓祭拜于一祠的角度来看，不具有异姓联宗祠的特

---

① 钱杭：《关于同姓联宗组织的地缘性质》，《史林》，1998 年第 3 期。

点。异姓联宗祠所供奉的祖先，是祭拜者相互之间具有某种约定的祖先互认，因此被供奉的祖先为祭拜者所认同。百氏祖先虽同在一祠堂享受祭拜，都是南迁的代表，但所供奉的祖先并不为所有祭拜者所认同，只为本姓后裔所认同，因此不具有异姓联宗祠的特点。之所以出现这种以同姓个人联宗祭祀为单位，统合百氏个人联宗祭祀于一祠的情况，是基于客家移民的历史基础以及百氏宗族对客家身份的认同。

地方政府参与的政治性问题。闽西的客家公祠建设是以地方政府为主导联合筹建的，体现出一定的政治目的。"通常称为'族群的'认同类型会受到政治目的操纵而改变。这是因为人们在不同情境可能运用不同认同，因此，形成社会认同的过程是一个'商榷'的过程。"① 海内外的客家领袖是与地方政府商量的代表，族群领袖是出于维持族群认同的需要，地方政府是出于引资的需要，因此出现了相互结合的局面。

族群的原生论认为，族籍一般是根据人们的出身来推定的，族群构建在人们对于他们具有共同世系或起源的信念上，人们大都仅挑选那些能够反映其世系和起源的文化特质来做自己的族界标志。② 闽西客家百氏祠堂正是利用了石壁在族群认同中的地位，才能够统合百氏于一祠进行祭祀。百氏联宗祠的背景是客家百氏，客家百氏就是族群性背景，百氏联宗祠具有族群性背景。

# 小　结

赣南不论是清代新客家联宗，还是当代的新、老客家联宗；不论是联宗的功利性目标，还是以客家文化价值观为联宗目标的追求，都体现出一

---

① 庄孔韶主编：《人类学概论》，北京：中国人民大学出版社，2006年，第311页。
② 庄孔韶主编：《人类学通论》，太原：山西教育出版社，2016年，第346页。

种以移民历史为基础的宗族背景，从而在联宗时进行了族群认同的宗族选择。粤东因多个族群的杂居，历史上出现了族群竞争甚至矛盾，加上方言上的差异，在同姓宗族联宗时以族群文化差异、族群矛盾作为对同姓宗族排斥的依据。闽西的客家公祠统合了百氏同姓个人联宗祭祀，而客家认同是享有在百氏联宗祠中行使祭祀权的重要心理基础，也通过客家百氏的个人联合祭祀达到客家族群的团结感、认同感。因地方政府主导了客家公祠的建设，这种个人联宗又具有在认同过程中政治的变动性。

这种以客家作为宗族背景的联宗，既对客家的同姓宗族产生凝聚力，也对非客家的同姓宗族具有排斥力，也即"符号对维持族群边界具有重要意义"①。从参与联宗的实际情况看，联宗最后形成的是客家同姓网络，目标是强化客家族源认同意识与客家文化价值观认同。笔者将这种联宗称为以族群认同为目标的同姓联宗。本书第二章已经呈现了学界所提到的同姓联宗的三个类型，前两个类型联宗形成的是地缘性联盟，第三个类型联宗形成的是同姓网络，族群认同的同姓联宗介于地缘性联盟与同姓网络之间，是以赣闽粤客家聚居区为基础形成的客家同姓网络。

---

① 周大鸣：《多元与共融：族群研究的理论与实践》，北京：商务印书馆，2011年，第15页。

# 第六章　结语

　　明清至民国时期，联宗目标表现出的功利性明显，如果从联宗要达到的功利性目的进行分类的话，大致可以分为两种类型。一种是利己不损人的目标，具体表现于教育、防卫、科举等目标，对于地域同姓宗族而言，有助于提高其文化水平、加强地域同姓宗族的团结，并提升社会地位。明嘉靖《张氏统宗世谱》的联修目标之一是出于"敦睦趋礼让"的礼仪教育需求；清代时期，广州通过修建合族祠助力本姓子弟参加科举。[①] 清同治年间，石城、兴国、宁都三县的郑氏又开始在宁都州城建祠堂，目的就是科举。[②] 民国时期，赣县、兴国的钟氏联修，为了共同防范贼寇合修族谱，时任赣县县长张恺还欣然为其作序。饶伟新提到的赣南清末民国时期的土客联宗，是为了提高本姓在社会中的地位。这些都属于利己利人的联修目标，至少是利己不损人的，因此，社会与官方都是持默许或支持的态度。另一种是损人利己的目标，具体表现于资源争夺、争讼、攀附权贵等目标。明末清初的张尔岐提道："近俗喜联宗。凡同姓者，势可借，利可资，无不兄弟叔侄者矣。"[③] 这些联宗活动至少有违礼义廉耻的儒家教育价值观。清乾隆年间，江西联宗活动已经影响到社会治理，封疆大臣辅德针对

　　① 黄海妍：《在城市与乡村之间：清代以来广州合族祠研究》，北京：生活·读书·新知三联书店，2008年。

　　② 郑裕隆主修：《石城小松井溪郑氏八修族谱》，《重建祠堂并建试馆记》，2013年。石城郑珠玲藏。

　　③ （清）张尔岐：《蒿庵闲话》，上海：上海古籍出版社，1996年，第71页。

江西的联宗情况向皇帝奏请禁毁祠宇："倘准留之房仍有讼棍盘踞及窝赌窝匪情事，除严拿本犯治罪外，即将其屋宇入官，或作堆铺，或给未建衙署之员弁居住。此外尚有一种，本省外省各姓公宇，虽然未供设牌位，名似稍异，而实则相同，应亦照此一例办理，嗣后永远不许添建府省祠堂公宇。"① 从张尔岐所批评的联宗现象，到辅德禁毁祠宇的奏请，都是批评虚荣功利，说明有碍他人、社会的功利性联宗会招致批评，会遭到禁止。

当代赣闽粤客家聚居区的联宗趋向于对社会地位、姓氏文化、历史文化等目标的追求，目标的功利性趋于淡化。在第二章中提到的宁都傅氏于1992年完成的联修、邓氏于1995年完成的联修，都是弱宗依附于强宗的联修，是弱宗为了提高自身的社会地位。这两个联宗案例都是发生在一县之内，都属于地缘性联盟。江西、福建、广东参与2011年山东发起的中华孙氏联修，建立的是一种同姓网络，获得的是全国孙氏分布、孙氏历史等信息的消费。

赣闽粤联宗不仅表现在对文化目标的追求上，还体现出地域性文化，即对"客家身份"的建构。联宗将"客家身份"作为文化价值观的追求是赣闽粤客家聚居区历史人文地理的反映。不论是一县之内的联修，还是跨越赣闽粤聚居区的联修，都可以发现部分族谱在追求一种"客家身份"的建构，并以此作为联修的目标。其"客家身份"建构的内容是对北方与南方的祖先建构，将北方祖先与北方祖籍地结合在一起，以此建构客家是源于北方汉人的历史渊源；将南方祖先与南方移居地联系在一起，尤其是对某个或某些祖先移居石壁的历史追溯，以此作为"客家身份"的重要标志。此外，在石壁兴建的"客家公祠"中供奉了客家百氏祖先牌位，并将其标识为"客家始祖"，这些"客家始祖"作为首批移居客家聚居地的代表接受本姓裔孙的祭祀。在族群领袖的运作下，从1995年开始，每年的农

---

① "国立"故宫博物院编辑委员会编：《宫中档乾隆朝奏折》（第21辑），1984年，转引自钱杭：《血缘与地缘之间：中国历史上的联宗与联宗组织》，上海：上海社会科学院出版社，2001年，第38页。

历九月初五为公祭日，海内外客家族人、个人都可前来祭拜本姓祖先。这些虽同姓但血缘关系不清或毫无血缘关系的人同祭祖先，目的就是表达对客家身份的认同，由此形成了比较独特的个人联宗现象。

从赣闽粤客家聚居区的各区域看，赣南、闽西和粤东在联宗活动中能体现出区域性的人群性背景差异，同时也表现出联宗时都以族群认同的方式对同姓宗族进行选择。赣南在唐宋时期接受了大批移民，逐渐形成老客家，明末清初又因闽粤沿海客家的返迁，形成了新客家。在清末出现的新客家联宗，清末民国的土、客联宗，当代的新、老客家联宗正是这一移民背景的体现。闽西石壁在赣闽粤三地移民中有着独特的历史地理意义，因为客家在石壁移居过程中展现出复杂的族群矛盾，在粤东联修谱中普遍再现石壁葛藤坑的传说，是对其祖先族群矛盾符号化的记录，是对祖先移居石壁强烈认同的表现。石壁于当代兴建的客家公祠，又可称为客家百氏祠堂，正是对这一历史移民过程的记忆，在族群领袖的运作下，促使了海内外客家族人通过个人联宗的形式表现对客家百氏始祖的认同。上述所提到的无论是明清至民国的联宗还是当代的联宗，都体现出族群认同的宗族选择。

联宗体现出的族群性背景，还表现于用"客家身份"作为宗族自我归类的符号，也用以区分非客家的宗族边界。它一方面吸引了具有客家认同感的同姓族人前来联修或认祖，另一方面又排斥了无客家籍或无客家认同感的同姓族人前来联修或祭拜，由此形成了一个族群文化差异的宗族边界。如广东兴宁刘氏以讲客家话作为客家身份的标识，排斥了讲闽南语的同源刘氏联修。又如赣南的温氏新客家于清代咸丰年间的联修，因新、老客家的利益冲突排斥了温氏老客家，到了2009年时，温氏新、老客家又因"客家身份"文化价值观的一致而联修。再如闽西宁化张氏于清乾隆年间、2002年前后两次的联宗也是如此。这说明了联宗具有场景的可拆合性，这种可拆合性也体现了"族群自身的主观认定，即族群自身的自我分类"的

特点。①

政治参与的族群认同。闽西的客家公祠是在地方政府主导下建立的，在以后的祭祀大典中，地方政府还作为主办单位继续参与其中。南康的姓氏联宗祠虽说在祭祀中地方政府没有参与，但对其兴建起了主导作用。在政治环境中，同姓个人会因情境变化做出相应的认同，一方面是基于对自身祖先的认同，另一方面是对地方政府的适度认同。

无论出于什么样的目的，组织者通常都希望联宗看起来是一个严密的组织体系，因此在联宗共祖的情况下进行祭祀安排、世系拟制、辈号设置，是为了在形式上进行得统一完整。联宗的最低限度是共祖，祭祀安排是追认共祖的简约形式，世系拟制、辈号设置都处于可有可无的"两可"状态，因为世系拟制、辈号设置不是联宗所必备的内容。如果三者齐备，联宗在形式上看起来就更像是一个统一的联盟，或更像一个同姓网络。

综上所述，赣闽粤客家聚居区的联宗具有客家族群这一人群性背景，笔者将这种联宗概括为以族群认同为特性的同姓联宗，它以同一地域内的地缘联盟为基础，趋向同姓网络的联宗类型，即是以客家聚居区为基础形成的客家同姓网络。

以上结论只是基于笔者收集到的已完成的联宗案例的探讨、总结，以后还需要扩大范围收集联宗案例，以获得更多的证据支持本结论，也还需要跟进某些联宗案例，进一步探讨它的特征。如此，才能对赣闽粤客家聚居区的联宗做一个全面、深入的研究。

---

① 庄孔韶主编：《人类学概论》，北京：中国人民大学出版社，2006 年，第 308 页。

# 参考文献

## 一、谱牒

［1］（明）张士镐主编：《张氏统宗世谱》，1535 年。美国犹他州家谱图书馆藏（以下简称犹他藏）。

［2］（清）张渤主编：《张氏族谱》，1890 年。犹他藏。

［3］张守先主修：《张氏总谱》，1948 年。犹他藏。

［4］黄英德主修：《黄氏族谱》，1949 年。萍乡阳水根藏。

［5］钟本峰主修：《赣县钟氏联修族谱》，1947 年。上海图书馆藏（以下简称上图藏）。

［6］张万樛主编：《宁都洲塘张氏十二修宗谱》，2008 年。宁都张小东藏。

［7］张桢主修：石壁上市《清河郡张氏十修族谱》，1991 年。犹他藏。

［8］张运锡主修：石壁桂林《张氏十一修族谱》，1990 年。犹他藏。

［9］张广东主编：《邓坊张氏考略》，2010 年。石城张广东藏。

［10］张恩庭、张桢主编：福建省宁化县四修《张公君政总谱》，2002 年。石城张广东藏。

［11］张恩庭、张桢主编：《张公君政总谱·续集》，2004 年。石城张广东藏。

［12］张恩庭主修：石壁《追远堂张氏族谱》，1994 年。宁化张清祥藏。

[13] 刘振东主编：《刘氏族谱》，1993 年。上海师范大学图书馆藏（以下简称上师藏）。

[14] 邓书汉主修：《邓氏八修族谱》，1995 年。上图藏。

[15] 刘延兴主编：《刘氏总谱》，2006 年。上师藏。

[16] 刘选仁主编：《广东刘氏》，2012 年。兴宁刘选仁藏。

[17] 刘选仁主编：《客家刘氏宗谱》，2014 年。兴宁刘选仁藏。

[18] 刘添元主编：《梅县刘氏族谱》，1996 年。上师藏。

[19] 刘禄源主编：《刘氏族谱》，1999 年。上师藏。

[20] 傅三荣主修：《傅氏十修族谱》，1992 年。宁都傅洋生藏。

[21] 傅瑞主编：《闽西傅氏族谱》，2004 年。宁都傅洋生藏。

[22] 孙其海主编：《中华孙氏通谱》，2011 年。上师藏。

[23] 孙昌权主编：《孙氏族谱》，1995 年。上师藏。

[24] 谢直云、谢灵贵主编：《中华谢氏总谱江西宁都分谱》，2014 年。赣州品新印刷厂藏。

[25] 廖咸宜主编：《廖氏清河璜溪十六修族志》，1994 年。宁都廖小明藏。

[26] 黄尔炽主编：《赣南宁都黄峭山后裔与客家文化》，2004 年。宁都黄懿藏。

[27] 黄远屏主修：《黄氏族谱》，2004 年。上师藏。

[28] 黄再兴主编：《客家黄氏总谱》，1993 年。犹他藏。

[29] 罗训森主编：《中华罗氏通谱》，2007 年。犹他藏。

[30] 韩冠珍、韩程德主编：《韩氏族谱》，2002 年。上师藏。

[31] 朱柳湘主编：《朱氏族谱》，1996 年。上师藏。

[32] 朱明主编：《梅县朱氏族谱》，1998 年。上师藏。

[33] 李佛佑主编：《梅县畲江李氏族谱》，2001 年。上师藏。

[34] 宁化客家研究会编：《曹氏族谱：法广公平远支系》，2003 年。上师藏。

［35］谢汇文主编：《中华谢氏总谱江西赣南联谱于都分谱》，2013年。赣州品新印刷厂藏。

［36］谢汇文主编：《中华谢氏总谱江西赣南联谱》，2016年。赣州品新印刷厂藏。

［37］谢义荣主编：《中华谢氏宗谱·江西于都卷》，2013年。赣州品新印刷厂藏。

［38］钟蔚伦主编：《颍川堂赣南钟氏联修族谱》，2006年。赣州品新印刷厂藏。

［39］廖思明主修：《梅县石扇油草岗廖氏族谱》，2011年。上师藏。

［40］赖观扬主编：《客家赖氏联修族谱》，2008年。上图藏。

［41］邓华东主编：《客家邓氏族谱》，1996年。笔者藏。

［42］钟名樑主编：《赣县钟氏志》，2009年。赣州品新印刷厂藏。

［43］李巧荪主编：《陇西郡李氏西平堂高滩支系九修族谱》，2014年。赣州品新印刷厂藏。

［44］郑裕隆主修：《石城小松井溪郑氏八修族谱》，2013年。石城郑珠玲藏。

［45］陈瑜主修：《（江西修水客家）义门陈氏宗谱》，1994年。上杭图书馆藏（以下简称上杭馆藏）。

［46］张从信主修：《（江西修水客家）张氏宗谱》，1993年。上杭馆藏。

［47］赖卓厚主修：《（江西修水客家）颍川赖氏宗谱》，1994年。上杭馆藏。

［48］廖东海主修：《（江西修水客家）廖氏宗谱》，1995年。上杭馆藏。

［49］李平忠：《（江西修水客家）李氏根源》，2000年。上杭馆藏。

## 二、方志

[1] （明）黄仲昭修纂：《八闽通志》（弘治二年），福州：福建人民出版社，2006 年。

[2] （清）葛曙主修：《丰顺县志》，潮州：潮州市地方志办公室，2000 年。

[3] （清）黄钊：《石窟一徵》，台北：台湾学生书局，1970 年。

[4] （清）郑祖琛主修：《宁都直隶州志》（道光四年），1987 年。

[5] 方志钦、蒋祖缘主编：《广东通史》，广州：广东高等教育出版社，2007 年。

[6] 高华年主编：《广东省志·方言志》，广州：广东人民出版社，2004 年。

[7] 刘善群主编：《宁化县志》，福州：福建人民出版社，1992 年。

[8] 刘善群主编：《宁化史稿》，福州：福建教育出版社，2014 年。

[9] 李升宝主编：《清流县志》，北京：中华书局，1994 年。

[10] 五华县政协文史研究室：《五华文化志》，2005 年。

## 三、专著

[1] 钱杭：《血缘与地缘之间：中国历史上的联宗与联宗组织》，上海：上海社会科学院出版社，2001 年。

[2] 钱杭：《宗族的世系学研究》，上海：复旦大学出版社，2011 年。

[3] 饶伟新主编：《族谱研究》，北京：社会科学文献出版社，2013 年。

[4] 黄海妍：《在城市与乡村之间：清代以来广州合族祠研究》，北京：生活·读书·新知三联书店，2008 年。

[5] 郑振满：《明清福建家族组织与社会变迁》，北京：中国人民大学出版社，2009 年。

［6］黄挺：《十六世纪以来潮汕的宗族与社会》，广州：暨南大学出版社，2015年。

［7］吴松弟：《中国移民史》（第4卷·辽宋金元时期），福州：福建人民出版社，1997年。

［8］曹树基：《中国移民史》（第6卷·清时期），上海：复旦大学出版社，2022年。

［9］孔永松、李小平：《客家宗族社会》，福州：福建教育出版社，1995年。

［10］林晓平：《客家祠堂与文化》，哈尔滨：黑龙江人民出版社，2006年。

［11］房学嘉、谢剑：《围不住的围龙屋——记一个客家宗族的复苏》，广州：花城出版社，2002年。

［12］何国强：《围屋里的宗族社会：广东客家族群生计模式研究》，南宁：广西民族出版社，2002年。

［13］陈支平：《福建族谱》，福州：福建人民出版社，2009年。

［14］陈支平：《近500年来福建的家族社会与文化》，上海：上海三联书店，1991年。

［15］杨彦杰：《闽西客家宗族社会研究》，香港：国际客家学会，海外华人资料研究中心，法国远东学院，1996年。

［16］罗香林：《客家研究导论》，兴宁希山书藏，1933年。

［17］罗香林：《客家研究导论》，兴宁：广东省兴宁市永恒彩印厂，2003年。

［18］罗香林：《客家源流考》，北京：中国华侨出版公司，1989年。

［19］罗香林：《客家史料汇编》，台北：南天书局有限公司，1992年。

［20］赖际熙：《崇正同人系谱》，香港：香港崇正总会编印，1995年。

［21］费孝通：《乡土中国》，北京：生活·读书·新知三联书店，1985 年。

［22］谢重光：《福建客家》，桂林：广西师范大学出版社，2005 年。

［23］谢重光：《客家、福佬源流与族群关系研究》，北京：人民出版社，2013 年。

［24］谢重光：《乡土中国——闽西客家》，北京：生活·读书·新知三联书店，2002 年。

［25］罗勇：《客家赣州》，南昌：江西人民出版社，2004 年。

［26］房学嘉：《客家源流探奥》，广州：广东高等教育出版社，1994 年。

［27］陈支平：《客家源流新论》，南昌：广西教育出版社，1997 年。

［28］王东：《那方山水那方人：客家源流新说》，上海：华东师范大学出版社，2007 年。

［29］Maurice Freedman. *Chinese Lineage and Society*：*Fukien and Kwangtung*. Humanities Press，1966.

［30］［美］本尼迪克特·安德森著，吴叡人译：《想象的共同体——民族主义的起源与散布》，上海：上海人民出版社，2011 年。

［31］［美］华勒斯坦等著，刘锋译：《开放社会科学：重建社会科学报告书》，北京：生活·读书·新知三联书店，1997 年。

［32］［日］濑川昌久著，钱杭译：《族谱：华南汉族的宗族·风水·移居》，上海：上海书店出版社，1999 年。

［33］［美］科大卫著，卜永坚译：《皇帝和祖宗：华南的国家与宗族》，南京：江苏人民出版社，2010 年。

［34］［日］河合洋尚、邱国锋主编：《日本客家研究的视角与方法：百年的轨迹》，北京：社会科学文献出版社，2013 年。

［35］宋德剑主编：《地域族群与客家文化研究》，广州：华南理工大学出版社，2008 年。

160

［36］陈运栋：《客家人》，台北：联亚出版社，1980年。

［37］庄孔韶主编：《人类学通论》，太原：山西教育出版社，2016年。

［38］庄孔韶主编：《人类学概论》，北京：中国人民大学出版社，2006年。

［39］周大鸣：《多元与共融：族群研究的理论与实践》，北京：商务印书馆，2011年。

［40］谭元亨主编：《广东客家史》，广州：广东人民出版社，2010年。

［41］黄淑娉主编：《广东族群与区域文化研究》，广州：广东高等教育出版社，1999年。

［42］温宪元、邓开颂、丘杉：《广东客家》，桂林：广西师范大学出版社，2011年。

［43］肖文评：《白堠乡的故事——地域史脉络下的乡村社会建构》，北京：生活·读书·新知三联书店，2011年。

［44］万幼楠：《赣南围屋研究》，哈尔滨：黑龙江人民出版社，2006年。

［45］谭元亨：《客家圣典：一个大迁徙民系的文化史》，广州：广东高等教育出版社，2012年。

［46］刘善群编著：《客家与宁化石壁》，北京：中国华侨出版社，2000年。

［47］罗勇、林晓平主编：《赣南庙会与民俗》，香港：国际客家学会，海外华人资料研究中心，法国远东学院，1998年。

［48］杨彦杰主编：《宁化县的宗族、经济与民俗》，香港：国际客家学会，海外华人资料研究中心，法国远东学院，2005年。

［49］吴泽主编：《客家学研究》（第2辑），上海：上海人民出版社，1990年。

161

［50］山西大学中国社会史研究中心编：《中国社会史研究的理论与方法》，北京：北京大学出版社，2011 年。

［51］丁钢主编：《近世中国经济生活与宗族教育》，上海：上海教育出版社，1996 年。

［52］邱权政主编：《中国客家民系研究》，北京：中国工人出版社，1992 年。

［53］福建省客家研究联谊会编：《客家研究核心认同汉族民系》，内部资料，2010 年。

［54］庄英章主编：《华南农村社会文化研究论文集》，台北："中央"研究院民族学研究所，1998 年。

［55］庄孔韶主编：《人类学研究》（第 3 卷），杭州：浙江大学出版社，2013 年。

［56］上犹张氏文化研究理事会编：《上犹张氏文化简编》，内部资料，2008 年。

［57］刘善群：《客家与宁化石壁》，北京：中国华侨出版社，2000 年。

［58］陈卫国主编：《上犹文史资料》（第 7 辑），赣州：赣州市祥和印刷厂，2008 年。

［59］邱常松主编：《客家第一姓：宁都赖氏》，香港：中华文化发展基金会出版社，2003 年。

［60］赵美询、蒋美才：《走进姓氏文化第一城：解读中国南康百家姓和谐城》，香港：华夏文化艺术出版社，2013 年。

［61］福建省宁化石壁客家宗亲联谊会等编印：《客家祖地宁化石壁》，内部资料，1999 年。

［62］余保云编著：《宁化掌故》，北京：中国华侨出版社，2000 年。

［63］赖国芳主编：《孙中山始祖在宁都》，香港：亚太国际出版有限公司，2001 年。

［64］三明市地方志编纂委员会：《三明客家纪略》，福州：海峡文艺出版社，2010 年。

［65］严雅英：《客家族谱研究》，哈尔滨：黑龙江人民出版社，2011 年。

［66］曹树基：《赣、闽、粤三省毗邻地区的社会变动和客家形成》，见中国地理学会历史地理专业委员会《历史地理》编辑委员会编：《历史地理》（第 14 辑），上海：上海人民出版社，1998 年。

［67］《赣南客家温氏文化发展史》编委会编：《赣南客家温氏文化发展史》，南昌：江西人民出版社，2009 年。

## 四、论文

［1］钱杭：《关于同姓联宗组织的地缘性质》，《史林》，1998 年第 3 期。

［2］钱杭：《莫里斯·弗利德曼与〈中国宗族与社会：福建和广东〉》，《史林》，1999 年第 3 期。

［3］饶伟新：《同姓联宗与地方自治：清末民国时期江西地方精英的文化策略》，《学术月刊》，2007 年第 5 期。

［4］饶伟新：《明代赣南的移民运动及其分布特征》，《中国社会经济史研究》，2000 年第 3 期。

［5］饶伟新：《清代赣南客民的联宗谱及其意义初探》，《赣南师范学院学报》，2007 年第 4 期。

［6］王建军：《论清代广州联宗书院的教育功能》，《江西教育学院学报》，2013 年第 1 期。

［7］梁洪生：《鄱阳湖区张氏谱系的建构及其"渔民化"结局》，《近代史研究》，2010 年第 2 期。

［8］罗香林：《民族与民族的研究》，《文史学研究所月刊》，1933 年第 1 期。

［9］罗香林：《客家研究后记》，《清华周刊》，1931 年第 1 期。

［10］［挪威］弗里德里克·巴斯著，高崇译，周大鸣校：《族群与边界》，《广西民族学院学报（哲学社会科学版)》，1999 年第 1 期。

［11］郝时远：《Ethos（民族）和 Ethnic group（族群）的早期含义与应用》，《民族研究》，2002 年第 4 期。

［12］陈春声：《地域认同与族群分类：1640—1940 年韩江流域民众"客家观念"的演变》，《客家研究》创刊号，2006 年。

［13］林晓平：《赣南客家宗族制度的形成与特色》，《赣南师范学院学报》，2003 年第 1 期。

［14］刘丽川：《"客家"称谓年代考》，《北京大学学报》（哲社版），2001 年第 1 期。

［15］［澳］梁肇庭：《客家历史新探》，《中国社会经济史研究》，1982 年第 1 期。

［16］钱杭、谢宝耿：《历史研究与田野考察相结合——钱杭研究员访谈》，《学术月刊》，1999 年第 10 期。

［17］谢重光：《客籍普遍溯源于宁化石壁的文化意蕴》，《汕头大学学报》，1999 年第 1 期。

［18］朱绍侯：《赖国地望与赖姓起源》，《寻根》，1996 年第 4 期。

［19］黄志繁：《谁是客家人》，《中国图书评论》，2008 年第 3 期。

［20］周建新：《在路上：客家人的族群意象和文化建构》，《思想战线》，2007 年第 3 期。

# 后　记

本书由本人的博士学位论文脱胎而成，是在钱杭教授的直接指导下完成的，从选题、框架设计到材料甄别、理论采用、思路调整都浸透了导师的心血，我将永远铭记这一切。

我于2013年秋季考入上海师范大学，非常幸运地投到钱杭教授门下。他学识渊博、治学严谨，对待学生宽严相济。从选购宗族理论书籍到复印无法购买到的经典著作，再到对理论书籍的阅读，都与导师的指导密切相关。他每周日下午都会亲临现场组织、指导我们开展读书会，从中文经典原著读到英文经典原著，解开我们阅读时产生的谜团，为拓宽我们的思维，还用日文版的笔记让我们对照理解。这些点拨式的训练，比较快地将我们带入了宗族理论的高地。除了理论的传授外，在选题与资料搜集的指导上，钱杭教授对我们也是"步步紧逼"，每到学期末就催促我们赶快走出图书馆进入田野。我行走在赣南、闽西和粤东的客家聚居区查阅相关文献资料，每遇到疑难问题时便通过短信、微信等方式求教于他，他总是能及时地对我指点迷津，令我备受鼓舞。在写作的过程中，他总是很有针对性地提出写作思路、理论路径，将我从偏题的路上拉回，让我最终得以完成一篇合格的博士学位论文。

师母是我要特别感谢的人，师母总能在生活上对我进行特别的关照。无论在聚餐中还是其他的场合中，师母对我的个人生活与家庭情况都给予无微不至的关怀，每每回想这类场景都会让我感到无限温馨，成了我写作路上的特别推动力。

要特别感谢尹玲玲、钟翀、吴俊范三位老师，是这三位老师开启了我

对历史地理的求学过程，在我博士学位论文开题、写作的过程中他们提出了许多宝贵的意见，关于人地关系的理论思考正是源自这三位老师的启蒙。

感谢我同门同级同时毕业的同学周晓冀，在他的安排下我有幸到山东考察，让我第一次考察、领略了异于南方的宗族形态，在比较中推进了我对南方宗族形态的思考。也正是看到简约到只有世系图的碑谱时，才深化了我对宗族的本质认识。还要特别感谢岳钦韬、凌焰、陈杰三位师兄和杜成材、陈涛、阳水根、范晓君、来亚文、蒋宜兰、吕园园等师弟师妹对我的帮助，因为他们的付出，才使得我的论文更加充实。

在田野调查的过程中，我得到了黄邦弧、陈建平、魏志伟、周琦、陈五生、陈华生、陈清明、谢汇文、谢志耕、谢帆云、谢灵贵、谢秀光、傅洋生、郭跃峰、邱常松、廖小明、温恒华、崔连州、崔寒生、邓育兰、胡本玉、张小东、张广东、张清祥、张书镛、张权、罗素梅、刘选仁、刘佑育等的帮助，正因为他们毫无保留地将族谱资料提供给我，才让我的论文有了坚实的资料基础，非常感谢他们。

最后是家人对我的帮助，特别感谢他们。我的妻子对我的帮助是至关重要的，考博、读博都有她的鼓励，在我写作过程中，她承担了家庭中的大部分责任，她怀孕期间独自承担了装修房子的辛苦，和我的岳母共同肩负起了照顾孩子的责任，这确保了我的论文写作时间，对于这一切，我既深感抱歉又深感幸福，这份对我饱含深情的理解与支持，我将永远铭记于心。

行文至此，是对读博心路的一个总结，更是开启未来阶段的新起点，我将在恩师等的教诲、激励下踏上新征程！

本书完成至今，在后续也做了一些完善，得到嘉应学院客家研究院院长肖文评的关心、帮助，非常感谢！

张勇华

2022 年 5 月